写给孩子的
民法典故事书

XIEGEI HAIZI DE MINFADIAN GUSHISHU

代晓琴 夏点 ◎著

图书在版编目（CIP）数据

写给孩子的民法典故事书／代晓琴，夏点著.
北京：中国法治出版社，2024.11. -- ISBN 978-7
-5216-4724-2

Ⅰ．D923.04
中国国家版本馆 CIP 数据核字第 2024NH7057 号

责任编辑：程　思　　　　　　　　　　　　　封面设计：李　宁

写给孩子的民法典故事书
XIEGEI HAIZI DE MINFADIAN GUSHISHU

著者/代晓琴　夏　点
经销/新华书店
印刷/应信印务（北京）有限公司
开本/880 毫米×1230 毫米　32 开　　　　　印张/ 5.75　字数/ 53 千
版次/2024 年 11 月第 1 版　　　　　　　　2024 年 11 月第 1 次印刷

中国法治出版社出版
书号 ISBN 978-7-5216-4724-2　　　　　　　　定价：29.80 元

北京市西城区西便门西里甲 16 号西便门办公区
邮政编码：100053　　　　　　　　　　　　　传真：010-63141600
网址：http://www.zgfzs.com　　　　　　　　编辑部电话：010-63141806
市场营销部电话：010-63141612　　　　　　　印务部电话：010-63141606

（如有印装质量问题，请与本社印务部联系。）

序言 preface

自己的姓名能不能随意更改？不经过允许，可以公布孩子的信件吗？隐私是什么，孩子如何保护自己的隐私？自家小区电梯出故障，谁负责维修？居家安全受到威胁如何解除，生活环境遭到破坏怎样维权？遇到霸王条款，是不是就只能"哑巴吃黄连"……在孩子的生活、学习中，常常会遇到一些这样那样的问题。这些问题，都可以从民法典中找到答案。

《中华人民共和国民法典》是我国第一部以法典命名的法律，是民事权利的宣言书和保障书，被称为"社会生活的百科全书"。

为孩子普及民法典知识，是切实实施民法典的重要内容。因此，我们产生了为孩子们创作一本生动有趣、贴近生活的民法典故事书的想法。

在查阅了很多法学资料，熟读民法典法律条文，深刻领悟其思想精髓之后，我们开始了创作。创作过程中，我们也注意尽量用贴近孩子的语言，深入浅出地向小读者展示与民法典有关的知识。全书主线故事围绕"民法典学习小组"的法律探索展开；而在"小剧场"中，小主人公则以不同的身份穿梭于五花八门的故事中，为小读者拓展介绍更多民法典常识。希望本书面世后能得到小读者的喜爱，成为小读者乐于阅读、乐于接受的"社会生活小百科"，让小读者在快乐的阅读中学习民法典、遵守民法典，并尝试用民法典维护自己的合法权益。

主人公简介

王多智：男，13岁，科技大学附小六年级学生。睿智果敢，爱探索、爱学习，逻辑推理能力强，是"民法典学习小组"创始人，也是小组里综合素质最强的人。

龚思奇：女，12岁，与王多智同班，虽娇小可人，但性格爽朗，是王多智的"死党"和"跟屁虫"。她心直口快，好奇好问，有时候快嘴没头脑，是奇谈怪论的"始作俑者"。

朱小憨：男，13岁，与王多智同班，也是他的"死党"，憨厚老实但不失幽默，但有时候意见会与龚思奇不同。

沈子淳：女，12岁，与王多智同班，外号"沈小本"，外表文静，内心强大，爱争强好胜，是大法学家沈家本的忠实粉丝，时刻"惦记"着王多智"民法典学习小组"的组长职务。

丁小白：男，13岁，与王多智同班，性格内向且心思细腻，待人真诚，对法律抱有浓厚兴趣，常向小组成员请教，是小组最忠实的倾听者和支持者。

目 录
contents

1. 祖宅里的古钱币 / 001
2. 不生效的买卖 / 009
3. 出问题的电梯 / 016
4. 居住也有权 / 024
5. 小胖家的难题 / 034
6. 改名的烦恼 / 043
7. 扰梦的强光 / 050
8. 身体也有权 / 058
9. 丁小白的烦恼 / 066
10. 霸王条款不可取 / 073
11. 被诽谤的名誉 / 082
12. 生态环境应珍爱 / 090
13. 一言为定 / 097
14. 借款的利息 / 105

15. 座位不能抢 / 113

16. 不爱说话的新同学 / 122

17. 吹牛皮惹官司 / 130

18. 赊账的销售商 / 138

19. "放弃"的继承权 / 147

20. 丢失的香皂 / 154

21. 遗失的快递 / 163

22. 老爷爷摔倒扶不扶 / 170

1.
祖宅里的古钱币[①]

春天到了,万物复苏,生机盎然。阳光变得越来越温暖,温度也慢慢回升,让人昏昏欲睡。

课间活动的时候,朱小憨趴在课桌上打瞌睡。龚思奇和丁小白从教室外走了进来。

"小憨,我们去打乒乓球吧!"丁小白摇了摇朱小憨的脑袋,想将他唤醒。朱小憨在睡梦中换了姿势,嘟嘟囔囔地说:"钱……钱,好多钱!"

"这家伙,一定又梦到捡钱了。"龚思奇拧了一下朱小憨的鼻子。朱小憨终于醒了,他抬起头,满脸埋怨地看着丁小白和龚思奇:"路上全是百元大钞。我捡啊捡,捡了一箩筐,还没来得及把钱存进银行呢。你俩总是破坏我的发财梦。"

"天上不会掉馅饼,你就不要白日做梦了。"龚思奇和丁小白拉起朱小憨跑向乒乓球场。

[①] 本故事取材于《最高人民法院公报》2013年第5期"汪秉诚等六人诉淮安市博物馆返还祖宅的埋藏文物纠纷案"。

"要是真能天降横财就好了。"朱小憨一边跑一边嘀咕。他的话谁也没有当真。

巧的是，几天后朱小憨真的"撞见"了一件天降横财的事儿。

那是一个天朗气清、春风送暖的周末，朱小憨去外婆家玩。当时，外婆家附近的一户人家，也就是杨叔叔家正在拆除老旧祖宅。施工队的叔叔在挖掘时发现了大量古钱币。很快，这个消息在当地炸开了锅。人们纷纷涌向杨叔叔家看热闹。

"这简直就是天降横财呀。"朱小憨见此情景，除了羡慕，还是羡慕。他甚至想到将外婆家的祖宅挖开来看看是不是也有古钱币。

"杨叔叔家世世代代都是生意人。据说，他的曾祖父在清朝时经营过盐场，赚了很多钱。后来因为战乱没办法带走钱币，便将钱币埋藏起来。他在祖宅拆除之前就向居委会打过招呼，说会有古钱币。我们家祖上没有生意人，更没有古钱币可以挖。"外婆听邻居们说起过这件事。

朱小憨觉得世界上真有天降横财这一回事，打心眼儿里替杨叔叔家高兴。正当他兴致勃勃准备打电话将这事儿告诉丁小白和龚思奇时，博物馆的工作人员来到了杨叔叔的祖宅。他们将杨叔叔祖宅里的古钱币全部清理出来，装了满满

1. 祖宅里的古钱币

一麻袋后带走了。

"空欢喜一场!"朱小憨很为杨叔叔一家感到遗憾。他回城后,恰好遇到龚思奇和丁小白,便将这事儿和盘托出。

"古钱币应该算作文物,从地下挖出的文物属于国家,应该交给博物馆。博物馆都出面了,应该是尘埃落定了。"丁小白和龚思奇都认定既然博物馆出面收走古钱币,一定有他们的道理。

"可是,这是人家家里的文物,怎么一下子就成了国家的?你们俩说的不一定对。"朱小憨总觉得哪里不对劲,于是去找王多智和沈子淳评理。

王多智和沈子淳正在学校图书馆里合看一本厚厚的新书。对于朱小憨的提问，他们不置可否。

"你们成天就知道看书，都成书呆子了。"朱小憨噘着嘴，不满地说。

"答案，或许就在这本书里。"王多智沉着冷静地答道。

朱小憨决定自己打电话给外婆，跟踪事件的进展，将事情弄明白。

很快，朱小憨从外婆的电话中了解到一些情况。博物馆的工作人员收走杨叔叔祖宅里的古钱币之后，进行了文物鉴定，确定那是清代钱币，具有一定的历史和文化价值，将古钱币陈列在了博物馆。但杨叔叔认为自己在祖宅拆除前已向居委会等有关部门反映过其曾祖父埋藏钱币的事实，足以证明这些古钱币就是曾祖父的。他觉得古钱币应归自己所有，要求博物馆返还收走的古钱币，遭到博物馆拒绝。于是，杨叔叔一纸诉状将博物馆诉至法院，以博物馆将其祖宅范围内发掘的埋藏物收归国有，侵犯其所有权为由，请求法院判令博物馆返还涉案古钱币。最终，杨叔叔的诉求得到了法院的支持。

"我的想法是对的！"朱小憨得意地将这个消息告诉了

1. 祖宅里的古钱币

丁小白和龚思奇。丁小白和龚思奇反问他："那你知道这是为什么吗？该不会是你胡编乱造的吧！"

朱小憨说不出所以然，显得有些尴尬。

"我国《民法典》第二百四十条规定，所有权人对自己的不动产或者动产，依法享有占有、使用、收益和处分的权利。第二百四十二条规定，法律规定专属于国家所有的不动产和动产，任何组织或者个人不能取得所有权。也就是说，除法律规定专属于国家所有的财产外，公民对自己的财产享有所有权。"关键时刻，王多智和沈子淳站了出来，王多智先说。"而且，我国《民法典》第二百五十三条明确规定，法律规定属于国家所有的文物，属于国家所有。根据我国《文物保护法》第六条的规定，属于集体所有和私人所有的纪念建筑物、古建筑和祖传文物以及依法取得的其他文物，其所有权受法律保护。"沈子淳补充道。

"本案中，基于古钱币的埋藏位置、杨叔叔的曾祖父经营盐场和杨叔叔事先向居委会反映其曾祖父在祖宅地下埋藏钱币的事实，在无法律明文规定禁止拥有的情况下，可以认定涉案古钱币属杨叔叔的曾祖父所有，杨叔叔对其曾祖父的财产依法享有继承的权利，所以涉案文物是祖传文物，应当归杨叔叔所有。"沈子淳说，"这些都是我们在图书馆里的

《民法典》中找到的答案。"

"我也要去看看那本《民法典》。"朱小憨说完,大踏步向学校图书馆走去。

💡 超强大脑

亲爱的小法迷们:请认真回忆故事中的细节,然后在不回看的情况下,试着回答下列问题。

1. 谁从杨叔叔的祖宅挖出了古钱币?
2. 杨叔叔家祖宅里的古钱币是谁埋藏的?
3. 杨叔叔通过法院诉求,要回埋藏在祖宅里的古钱币了吗?

🎯 "小法官"训练营

1. 除什么样的财产外,公民对自己的财产享有所有权?
2. 所有权人对自己的财产,依法享有哪些权利?

小剧场

见者有份

朱小憨在山坡上挖到一处铁矿。

朱小憨:拥有这一处铁矿,我就发财了。

1. 祖宅里的古钱币

丁小白路过山坡，看到朱小憨挖到了铁矿。

丁小白：见者有份，我要和你平分。

朱小憨：铁矿是我挖到的，应该归我一个人。

朱小憨和丁小白争得不可开交，龚思奇路过山坡，看到了这一幕。

龚思奇：见者有份，也分我一份吧！

朱小憨、丁小白和龚思奇去请王多智评理。

朱小憨：这处铁矿明明是我先发现的，应该归我才对。

丁小白、龚思奇：见者有份，我们也有份。

王多智：我国《民法典》第二百四十七条规定，矿藏、水流、海域属于国家所有。所以，你们都不能拥有这处铁矿。

参考答案

超强大脑

1. 施工队的叔叔。

2. 杨叔叔的曾祖父。

3. 要回了。

"小法官"训练营

1. 除法律规定专属于国家所有的财产外,公民对自己的财产享有所有权。

2. 所有权人对自己的财产依法享有占有、使用、收益和处分的权利。

2.
不生效的买卖

朱小憨来到了学校图书馆。图书馆的书架上陈列着琳琅满目的图书，令人眼花缭乱。厚厚的《民法典》放在最显眼的位置，一眼就能看得到。朱小憨拿起它，一本正经地看了起来。

"从前往后看，好像不太懂。"很快，朱小憨就发现书中都是条条款款，并没有自己想象得有趣。他竭力让自己沉下心来仔细看，但看着看着就走神儿了。

"我还是从后往前看吧。"朱小憨又从书的最后一页往前翻，结果还是觉得没有多大趣味，他左右瞅了瞅，看没人注意他，便将书放回原位，离开了图书馆，"这本法典，等我长大了再看也不迟。"

在教学楼的楼梯口，朱小憨撞见了沈子淳。

"小憨，我和多智商量着成立一个'民法典学习小组'，我负责动员工作。现在，我郑重地邀请你加入我们的小组。你参不参加？"沈子淳热情地邀请朱小憨加入他们的学习小组。

"民法典太难了,我都不知道该从前面还是后面开始学。我坚决不参加这个学习小组。"朱小憨觉得学习民法典太难,一口拒绝了沈子淳。

"丁小白和龚思奇已经报名了。你确定还是不参加吗?"沈子淳见朱小憨态度坚决,估计他一时半会儿不会改变主意,一阵风儿似的跑开了,"我去邀请其他同学,争取将我们的队伍壮大起来。"

接下来的几天里,王多智和沈子淳真的成立了一个民法典学习小组。时不时地,他们还会把学习小组的同学聚到一起开个小会。对此,朱小憨并不感兴趣。渐渐地,他变得有些独来独往。

"小憨,周末我们民法典学习小组要去探案。你跟我们一起去吗?"这天放学后,龚思奇见朱小憨又是一个人行动,显得有些孤单,拉住他问道。

在朱小憨的印象中,沈子淳他们的学习小组不外乎就是成天捧着书本啃,没想到他们还会探案。朱小憨对案子倒是很有兴趣,于是饶有兴致地问:"你们还要办案子?"

龚思奇使劲地点点头,"对,而且还是一起很特别的案子。"

2. 不生效的买卖

"很特别的案子，是什么案子？"朱小憨更好奇了。

"我听说沈子淳家的小区有家住户在郊区买了一套别墅，成交之后却被告知买卖不生效。"龚思奇将自己听到的全告诉了朱小憨。

"世上还有这种事？真是岂有此理！"朱小憨一听，愤愤不平地问，"这究竟是怎么回事？"

龚思奇摇摇头，她那天也只是听沈子淳说了事情的开头，没有对事情做进一步的了解。朱小憨再也忍不住了，他找到沈子淳，想要问个一清二楚。

"一个月前，我们小区的李阿姨在郊区买了一套别墅。她和卖家签了购房合同，钱也付了。可就在前两天，卖家打电话告诉李阿姨这次购房没办法生效。这事儿在小区传得沸沸扬扬，人们的猜测也是五花八门。有说李阿姨上当受骗的，有说李阿姨买的别墅产权不齐的……具体怎么回事，我也不太清楚。所以这周末我们的学习小组打算去一探究竟。小憨，你是不是想加入我们的学习小组？"沈子淳问道。

"既然有案子可以办，我还是加入学习小组吧。"朱小憨爽快地说。

周末上午，民法典学习小组的成员在组长王多智和副组长沈子淳的带领下，来到了李阿姨家。大家说明来意之后，听李阿姨道出了事情的原委。

原来，李阿姨的别墅买卖之所以不生效，是因为在她和卖家达成房屋买卖合同之前，卖家曾经和另一个买家到房管局办理了房屋所有权的转让登记。换言之，李阿姨买下的别墅不能再进行所有权登记了。

"只要有别墅住，不登记也可以呀。李阿姨，你有房屋买卖合同和付款证明不就足够了吗？"朱小憨不以为意。

"我国《民法典》第二百零八条规定，不动产物权的设立、变更、转让和消灭，应当依照法律规定登记。动产物权的设立和转让，应当依照法律规定交付。"李阿姨在买卖别墅的时候并不知道这一点。事后，她咨询律师才明白其间的奥妙。

"同时，我国《民法典》第二百零九条第一款还规定，不动产物权的设立、变更、转让和消灭，经依法登记，发生效力；未经登记，不发生效力，但是法律另有规定的除外。李阿姨购买的别墅就是不动产，所以不登记就没有法律效力。"沈子淳解释说。

"事情变成这样，李阿姨岂不是相当于上当受骗了吗？"大家都替李阿姨鸣不平。

"李阿姨，接下来该怎么办呢？"朱小憨更是急切

2. 不生效的买卖

地问。

"卖家把别墅卖给别人并办理了转让登记,导致我的利益受损,卖家违约了。所以我必须通过起诉的方式维护自己的权利。"李阿姨语气坚定。

"对,我们大家都支持你。"学习小组的成员都支持李阿姨的决定。

超强大脑

亲爱的小法迷们:请认真回忆故事中的细节,然后在不回看的情况下,试着回答下列问题。

1. 沈子淳邀请朱小憨加入什么学习小组?
2. 李阿姨在什么地方买了别墅?
3. 李阿姨购买别墅为什么不能生效?

"小法官"训练营

1. 不动产物权发生哪些变动时,应当依照法律规定登记?
2. 未依法进行登记的不动产物权变更,是否具有法律效力?

小剧场

没有登记的矿山

风景区内,朱小憨和王多智眺望远山。

王多智:听说前面那座山蕴含着丰富的金属矿,是一座价值不菲的矿山。

朱小憨:要是这座山归我就好了。

突然,朱小憨冒出一个鬼点子。

朱小憨:不知道这座矿山进行产权登记没有?

王多智:这座矿山还没有进行产权登记。

朱小憨欣喜若狂地做起了发财梦。

朱小憨:这么说来,我有机会申请将它登记在我的名下啦。

王多智:矿山属于自然资源。依法属于国家所有的自然资源,你不可以登记。

朱小憨:竟然是这样!

参考答案

超强大脑

1. 民法典学习小组。

2. 不生效的买卖

2. 郊区。

3. 因为别墅的卖家在将别墅卖给李阿姨之前，曾经和另一个买家办理了房屋所有权的转让登记。这样一来，李阿姨购买的别墅无法进行所有权登记，也就无法享有别墅的所有权。

"小法官"训练营

1. 不动产物权的设立、变更、转让和消灭，应当依照法律规定登记。

2. 不具备法律效力。

3.
出问题的电梯

朱小憨加入民法典学习小组之后,成天想着探案。可接下来的日子里,学习小组一个案子也没遇到。组长王多智和副组长沈子淳要么往图书馆跑,要么召集小组成员开小会,学习民法典的条条款款。

"没有案子多没意思呀。"朱小憨当初就是冲着探案才加入学习小组的,现在,他有点儿犹豫了,"我要不要退出学习小组呢?"

"哪有退出的道理?"龚思奇看出朱小憨的心思,劝朱小憨别退出学习小组。

"再等几天,如果实在没有案子,我就真的要退出了。"朱小憨虽然答应留下来,却不想参加学习小组的大会小会。每次开会他都找借口缺席。对此,王多智和沈子淳也没有说什么。

朱小憨见没人说他,也懒得理会学习小组的事儿了,又恢复了以前特立独行、自由自在的生活。不料,几天后他自

3. 出问题的电梯

己"摊上了事儿"。

这天下午,朱小憨放学回家打算乘电梯上楼。电梯门关闭后,他像往常一样按下自己要去楼层的按键。奇怪的是,电梯竟然没有启动。疑惑之下,他重新按了一下那个按键。这次,电梯依然没有动。

朱小憨不知道是怎么一回事,想找个人帮忙,但是电梯里只有他一个人。

朱小憨有些着急,接二连三按了好几次按键,可电梯还是一动不动。

瞬间,朱小憨脑海里浮现了电梯出故障、自己被困在里面的情景。他不想被困在电梯里,赶紧按了电梯的开门按键,从电梯里出来。安全起见,他决定走楼梯。

"小憨,愣着干什么?进来呀!"恰好这时,和朱小憨同楼层的马叔叔下班回家,他招呼朱小憨一同乘电梯。朱小憨忐忑地跟着马叔叔进了电梯,马叔叔轻轻按下刚才那个楼层的按键。电梯徐徐启动,直达所要去的楼层。

"这电梯还认人吗?"朱小憨回家后左思右想,怎么也想不明白究竟哪里不对劲。趁着爸爸妈妈还没下班,他一个人乘坐电梯上上下下来回了好几次。可正当他觉得电梯没问题准备回家之时,按键忽然又失灵了。

3. 出问题的电梯

"会不会是我的操作不当，才造成按键失灵？"朱小憨这样一想，心里有点儿害怕，赶快离开电梯，三步并作两步从楼梯间走回了家。晚上，爸爸妈妈回来了。自认为闯祸的朱小憨对电梯按键的事儿既不敢说，也不敢问。

第二天，朱小憨憋不住，向龚思奇和丁小白坦白了电梯按键的事儿。

"小憨，你摊上事儿了。"丁小白听完，立马一本正经地吓唬他说，"这个电梯很诡异。你一定是中邪，遇上电梯幽魂了。之前我看过一部电影，里面也有这样的情节。后来小主角被电梯幽魂抓去囚禁在了电梯中……"

"小白，你记错了。故事里的小主角是穿越到了古石器时代……"龚思奇反驳丁小白。

"你们也不帮我想想办法，净说些没用的。"朱小憨有点儿生气。

"别急，我倒是有个办法。听说有个小区的电梯经常按了楼层却上不去。后来有个住户在电梯里使劲跳了一下，电梯上下一晃就好了。"龚思奇出了一个主意。

"你这是个馊主意，万一电梯坠下去多危险啊！看来，我必须去找'智多星'才行。"朱小憨不想再和他们说了，硬着头皮去找王多智。

王多智和沈子淳正在商议如何开展下一次民法典学习活动。

"老大，有件事我必须请你亲自出马……"朱小憨顾不了那么多了，一五一十将自己"摊上的事儿"说了出来。

"我觉得，你们那栋楼的电梯按键可能是接触不良，但也不排除其他故障，也许还会是很严重的故障。所以，必须及时检修才行。"王多智托着下巴想了想之后，肯定地说。

"谁来检修？"朱小憨担心如果自己说出这件事的话，人家会误会是他弄坏了电梯，因而让他出钱检修。

"不做亏心事，不怕鬼敲门。"一旁的沈子淳发话了，"我国《民法典》第二百八十一条第一款规定，建筑物及其附属设施的维修资金，属于业主共有。经业主共同决定，可以用于电梯、屋顶、外墙、无障碍设施等共有部分的维修、更新和改造……你可以先联系小区物业公司对电梯进行常规检修，如果电梯故障很严重、需要大规模维修的话，还可以动用维修资金。"

"没想到民法典还能解决生活中这些鸡毛蒜皮的小事儿。有维修资金的话，我就放心了。"朱小憨放下心来。

"民法典被称为'社会生活的百科全书'，几乎所有的

3. 出问题的电梯

民事活动,大到设立公司、签订合同,小到缴纳物业费,都能从中找到依据。"王多智接过话茬儿。

放学后,朱小憨立即把这事儿告诉了物业公司的工作人员。

"电梯按键时而有反应,时而没反应,属于接触不良的情况。如果按楼层键一直没反应或者打开门时电梯运行不到指定卡位就停住了,那么不是传输带故障就是摩擦卡轮故障。这个电梯安装时间较早,最近出了不少小问题,要及时检修,否则有可能发生错位、无法打开电梯门或者坠落的风险……小憨,你能把这事儿及时告诉我,在一定程度上避免了危险的发生。我要表扬你!"物业公司的工作人员请来维修师傅检修了电梯,全面解决了发现的问题。

"还不是学习小组组长们给我出的主意。"朱小憨打心底里佩服王多智和沈子淳,他忽然不想退出民法典学习小组了。

超强大脑

亲爱的小法迷们:请认真回忆故事中的细节,然后在不回看的情况下,试着回答下列问题。

1. 朱小憨乘电梯回家,只按了两次所要去的楼层按键吗?

2. 朱小憨居住的那栋楼的电梯按键出了什么问题？

3. 小区物业公司的工作人员要求朱小憨出钱检修电梯了吗？

"小法官"训练营

1. 建筑物及其附属设施的维修资金，属于业主共有吗？

2. 经业主共同决定，建筑物及其附属设施的维修资金，可以用在哪些地方？

小剧场

自家的电灯

朱小憨发现家里的电灯坏了，他看到王多智请工人师傅修小区的路灯，冒出一个主意。

朱小憨：多智，能不能叫维修师傅来我家里一趟？顺便也把我家的电灯修一修。

王多智答应了朱小憨的请求。让维修师傅帮朱小憨修好了电灯。

王多智：修电灯的钱，你自己付。

朱小憨：小区不是有专门的建筑物及其附属设施的维修资金吗？

3. 出问题的电梯

> 王多智：小区的路灯属于大家共有，修缮当然可以用小区的维修资金。但你家的电灯属于私人所有，怎么能动用大家的维修资金呢？
>
> 朱小憨：这样啊……

参考答案

超强大脑

1. 不止。他接二连三按了好几次楼层按键。

2. 接触不良。

3. 没有。

"小法官"训练营

1. 是的。

2. 可用于电梯、屋顶、外墙、无障碍设施等共有部分的维修、更新和改造。

4.
居住也有权

接下来的日子里,朱小憨主动参加了好几次民法典学习小组的活动。渐渐地,他发现王多智和沈子淳不但会给大家讲法律条文,而且还会说一些与法律规定相关的案例故事。毫无疑问,朱小憨又成了王多智的"跟屁虫",有事没事就爱和他腻在一起。

星期天上午,朱小憨到王多智家温习功课。龚思奇一个电话打了过来:"出事了,出大事了!"

"出什么事了?"王多智接的电话,他隔着话筒,就能感到龚思奇的情绪很激动。朱小憨一听,赶紧凑到王多智跟前听。

龚思奇心急火燎地告诉王多智和朱小憨:"住在小超市旁边的那位老爷爷去世了。"

"老爷爷几天前就去世了,我们也知道这件事。难不成,他又活过来了?"朱小憨惊诧地问。

"我要说的不是老爷爷去世的事。今天,老爷爷的儿子

4. 居住也有权

来收房子，之前照顾老爷爷的保姆说什么也不肯搬走。他们吵了起来，吵得可厉害了……"龚思奇将自己看到的情况全告诉了王多智和朱小憨，"现在他们快要打起来了。"

"老爷爷一直独居。前些年，他的儿子请了保姆照顾他。为了方便照顾老爷爷，保姆住进了老爷爷的房子，但房子是老爷爷的，并不是保姆的。按理说，老爷爷去世后应该由他的儿子来继承房子才对。保姆凭什么不肯搬走？这个保姆太不讲理了，大家应该劝劝她。"朱小憨认识那位老爷爷，知道他家的一些情况。他义愤填膺地说。

"保姆很泼辣，没人能劝住。老爷爷的儿子也很强势……现场都快失控了。"龚思奇说完，挂断了电话。

"那儿不是太远，我们也去瞧瞧。"朱小憨和王多智来到老爷爷家，和龚思奇会合。这时候，老爷爷的儿子已经将保姆的衣物扔了出来，保姆也不示弱，站在门口哭闹起来："老爷子生前，我对他很好。现在你翻脸不认人，没良心……"

"我请你照顾我父亲，又不是没付你工资。你凭什么霸占房子不搬走？"老爷爷的儿子觉得自己占理。

"凭什么？就凭这个！这可是老爷子写的字据。"保姆想了想，从兜里拿出一张纸，在大家面前晃了晃。

"这是什么?"老爷爷的儿子一惊,要抢夺保姆手里的纸。

保姆收手,将纸紧紧攥在手心里。她看了看围观的人,最后将目光停在一位戴眼镜的阿姨身上:"这位大姐斯斯文文,想必一定知书达礼,我请你帮我给大家说说这上面都写了什么。顺便也请你评评理。"

眼镜阿姨"受宠若惊",从保姆手里接过这张纸,她看完后对大家说:"这是一份房屋居住权合同,写着老爷爷去世后,保姆李某可以继续居住他的这处房子,直到保姆去世为止……这上面还有老爷爷的亲笔签名,看来是真的。"

"我有这份合同,你凭什么赶我走?"保姆待眼镜阿姨看完,立马拿回了那张纸。

"我父亲不可能这样写的!"老爷爷的儿子不信那张纸上面写的是真的,依然吵着让保姆搬走。

"之前,前街有位老奶奶也和保姆签过这样的房屋居住权合同。老奶奶的女儿遵照老奶奶的意思,让保姆一直住着那房子……你就让她暂时住着吧。等她去世之后,房子还是你的。"那位眼镜阿姨劝老爷爷的儿子息事宁人,不要再吵了。

"老大,你觉得这事儿该怎么处理?"朱小憨问王

4. 居住也有权

多智。

"有些老年人为了感谢亲人以外的人对自己的长期照顾，承诺自己去世后将房屋留给其居住，为了避免日后发生争议，他们往往会签订书面的房屋居住权合同。这种合同是合法有效的。"王多智记得自己在《民法典》上看到过相关的规定，但一时之间想不起来究竟是哪条哪款，"我得去翻翻《民法典》，才能做决断。"

三个小伙伴折回王多智家中，王多智翻出爸爸工作单位发的《民法典》普法书籍，还真找到了这条规定："我国《民法典》第三百六十六条规定，居住权人有权按照合同约定，对他人的住宅享有占有、使用的用益物权，以满足生活居住的需要。第三百六十七条第一款规定，设立居住权，当事人应当采用书面形式订立居住权合同……老爷爷和保姆签订的合同应该是有效的。"王多智边看书边说。

"那就是保姆赢了。"朱小憨得出一个结论。

"暂时还不能确定。"王多智拿着那本《民法典》，若有所思地说。

"白纸黑字写得清清楚楚，怎么不确定？"龚思奇好奇地问。

"是呀，我得赶紧去把这事儿告诉他们。"朱小憨说着

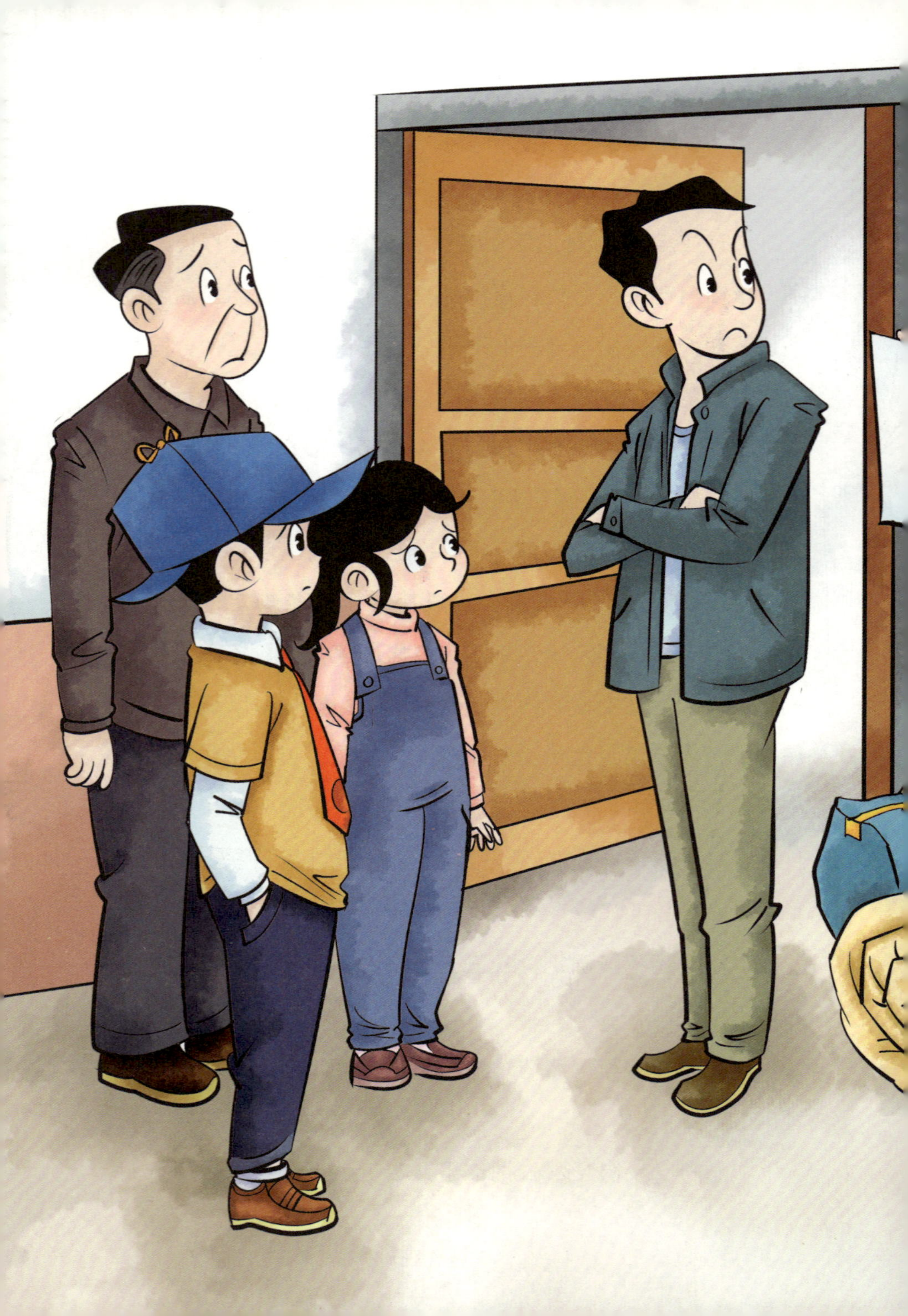

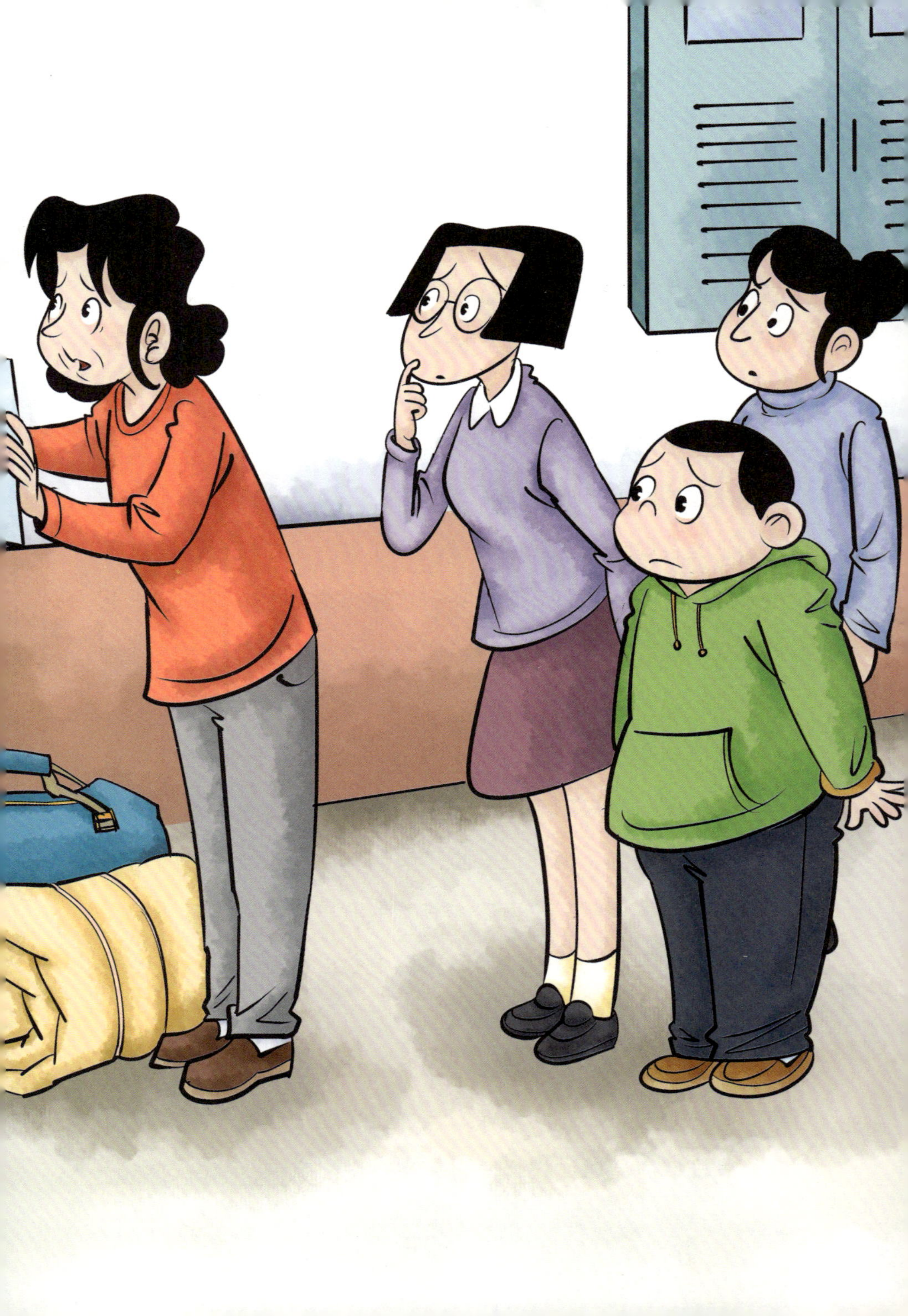

就要往外走。

"看，后面还有一条规定。"王多智拉住朱小憨，指着书说，"《民法典》第三百六十八条规定，居住权无偿设立，但是当事人另有约定的除外。设立居住权的，应当向登记机构申请居住权登记。居住权自登记时设立。"

"这条规定和这事儿有什么关系？"朱小憨不明白王多智叫住他的原因。

"这条规定的意思应该是，签订房屋居住权合同设立居住权后，还应当进行登记。只有这样，在发生争议时才能主张自己的居住权……换言之，假如老爷爷和保姆没有去登记机构进行登记的话，居住权就未能设立。"王多智分析道。

"是这样吗？"朱小憨还有点儿犹豫。于是他和龚思奇、王多智再次来到了老爷爷家。这时候，居委会的工作人员已经到了现场。她们进一步了解情况后，对老爷爷的儿子和保姆进行了调解："虽然老爷爷生前与保姆签订了房屋居住权合同，但是没有去不动产登记中心进行登记，所以居住权未设立。"

"事情总算有了答案。"三个小伙伴松了一口气，不知为什么，他们有点儿同情保姆，"要是她知道这一点，在和老爷爷签订房屋居住权合同之后及时进行登记，情况可能就

4. 居住也有权

会大不一样。"

🔆 超强大脑

亲爱的小法迷们：请认真回忆故事中的细节，然后在不回看的情况下，试着回答下列问题。

1. 保姆手里的房屋居住权合同有老爷爷的亲笔签名吗？
2. 眼镜阿姨最终拿走保姆手中的合同了吗？
3. 保姆和老爷爷签订房屋居住权合同后，去登记机构进行登记了吗？

🎯 "小法官"训练营

1. 设立居住权，当事人应当采用什么形式订立居住权合同？
2. 设立居住权的，应当向登记机构申请居住权登记。居住权自什么时候设立？

小剧场

"永久"的居住权

朱小憨因为长期照顾一位老人，获得了老人房屋的居住权。

老人：你对我太好啦，我们签订一份居住权协议吧。

朱小憨：谢谢爷爷！

朱小憨和老人去不动产登记中心进行居住权协议登记。

工作人员：你的居住权自今日起设立了。

朱小憨：没想到还有这么好的事儿。

不久，老人去世。朱小憨顺理成章住上了老人的房子。

朱小憨：这个大房子真不错。要是我儿子也能住上这个房子就好了。现在，我得立个遗嘱，让这个居住权变成永久的。

朱小憨拿着遗嘱去不动产登记中心登记。工作人员严词拒绝了他。

工作人员：《民法典》第三百六十九条规定，居住权不得转让、继承。

朱小憨：这样啊……

4.居住也有权

参考答案

超强大脑

1.有。

2.没有。

3.没有进行登记。

"小法官"训练营

1.书面形式。

2.居住权自登记时设立。

5.
小胖家的难题

朱小憨见识了保姆和老爷爷儿子的"房产争夺战"之后,意识到学习民法典不能"只知其一,不知其二",一定要认真仔细才行。为此,他还主动积极地在学习活动中发表了自己的观点。

"小憨同学的悟性很高嘛,我们都要向他学习。"学习小组的组员们对朱小憨的评价很高,王多智和沈子淳还发出了向他学习的倡议。

朱小憨高兴得不得了。他暗下决心,一定再接再厉,争取再找个案子来办。为此,他开始时时刻刻关注起身边的事情来。几天后,他还真的有了发现。

这天是星期天上午,龚思奇跟着朱小憨去他乡下奶奶家玩。他们在村子里闲逛时,发现一户人家屋后有一堵围墙开裂了。裂口很长,看起来摇摇欲坠,随时都有垮塌的危险。

"这堵围墙太危险了,我必须提醒这户人家注意安全。"龚思奇生怕围墙垮塌,给那户人家造成危险。

5. 小胖家的难题

"这是小胖家。"朱小憨看了看那户人家,记起那是小时候的玩伴儿小胖的家,于是站在门外呼喊小胖,"小胖,你在家吗?"

小胖听到喊声打开门,把朱小憨和龚思奇让进屋子:"爸爸妈妈干农活去了,我一个人在家做功课。"

"你家后面的那堵围墙快要垮塌了。你知不知道?"朱小憨开门见山地问。

"知道,但我们也没有办法。"小胖说。

"那堵围墙就在你家屋后,你们拆除它不就可以排除危险了吗?怎么就说没办法呢?"龚思奇诧异地问。

"关键问题在于那堵围墙不是我家的。它是邻居家的围墙,邻居不让动。"小胖无可奈何地耸耸肩。

"你可以告诉邻居,请他们排除危险。"朱小憨提议说。

"我爸爸已经找邻居大叔说过几次了,但都无济于事。"小胖皱着眉头说,"邻居大叔认为围墙建在他家的地盘上,与我家无关,所以不答应拆除围墙。"

"这还真是个难题。"朱小憨和龚思奇无奈地耸耸肩,他们也没有对策。

回城的路上,朱小憨的脑海里不停地浮现出那堵围墙摇

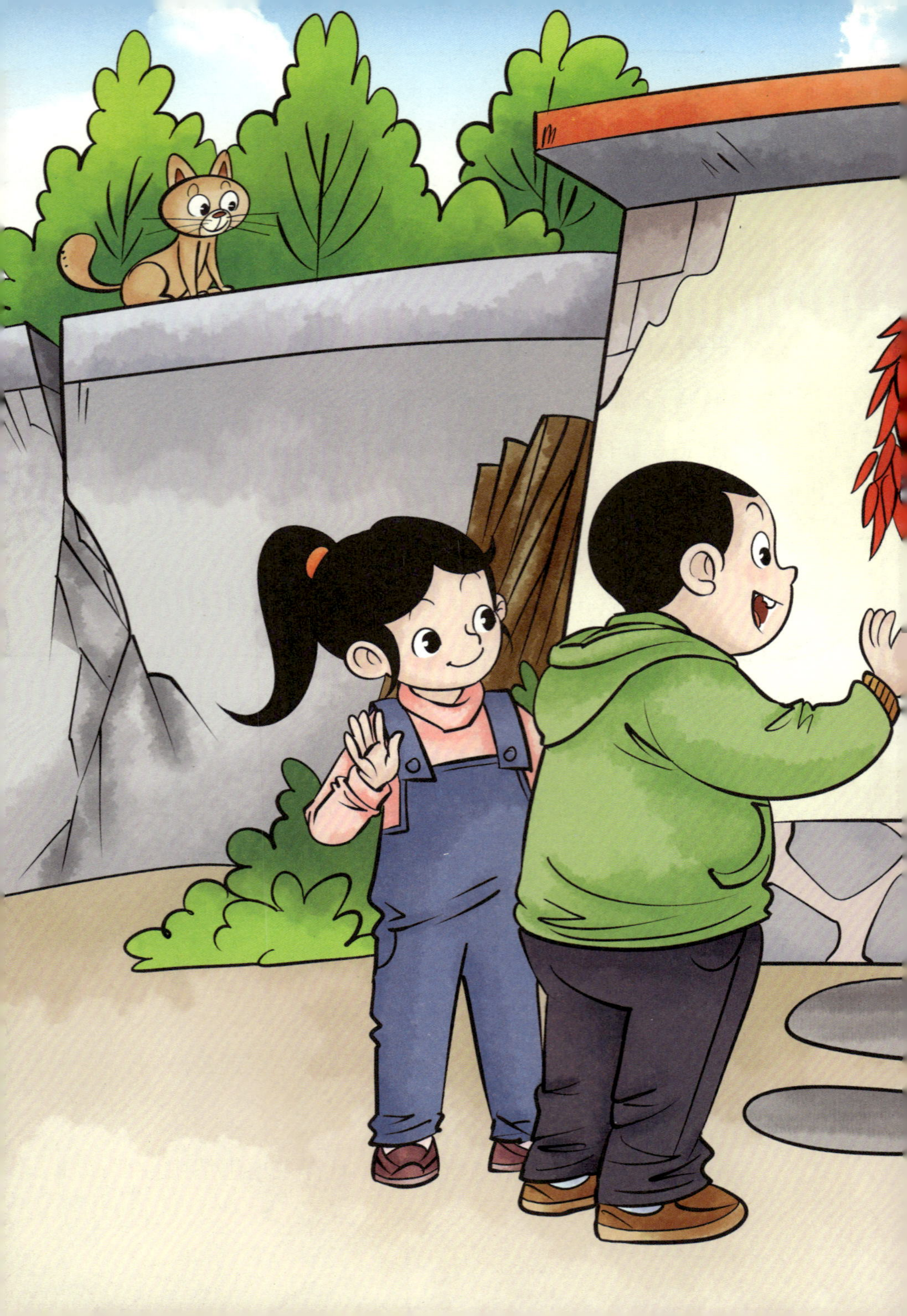

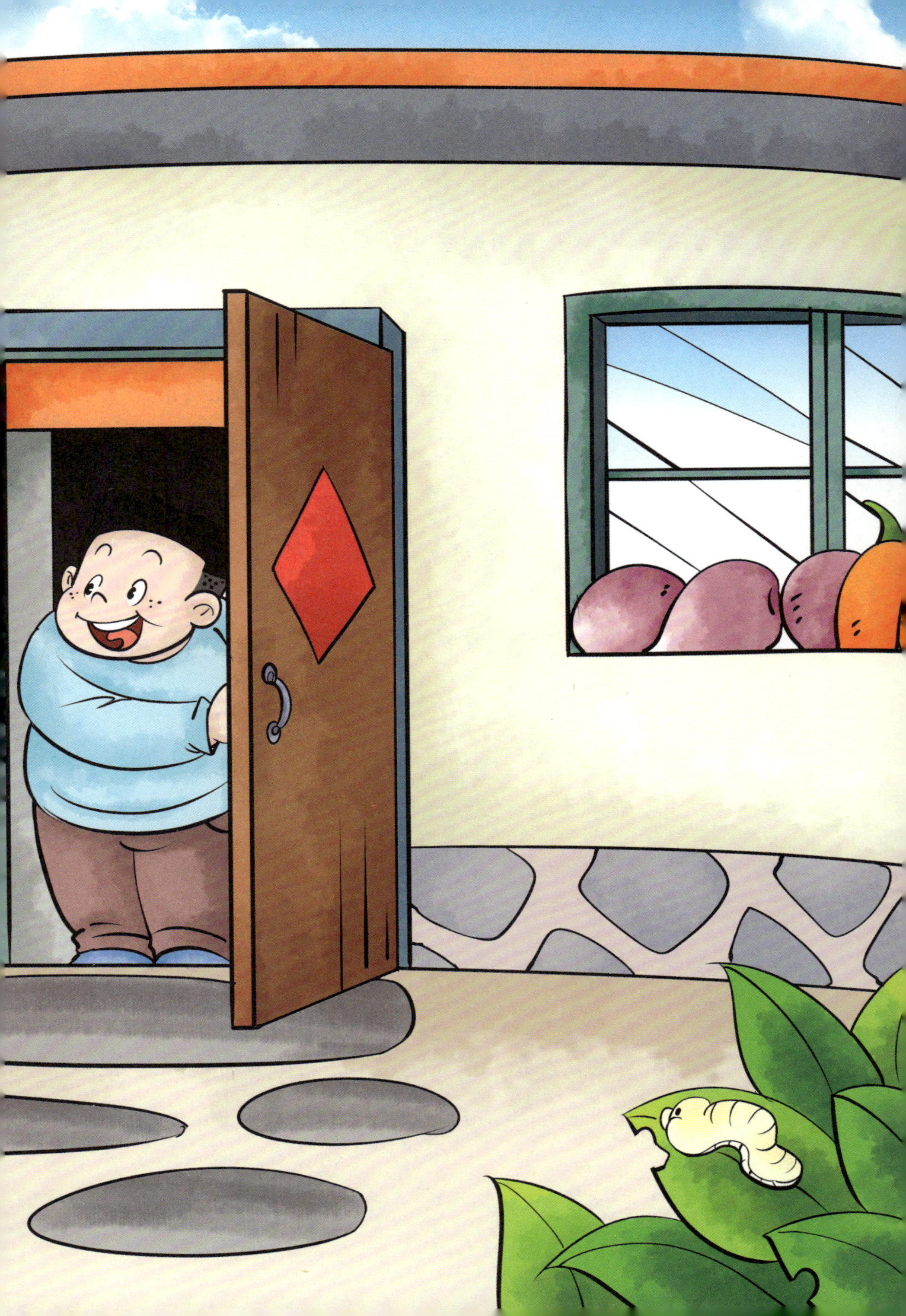

摇欲坠的画面:"围墙一旦垮塌,小胖家就遭殃了。"

朱小憨不愿意看到事故发生,寻思着找王多智出谋划策。于是他和龚思奇径直去了王多智家。

"动员小胖的邻居拆除围墙,倒不如和他讲道理。道理,可能就在我新买的这本书里面。"朱小憨将事情的来龙去脉说给王多智听。王多智听完,拿出了一本新买的便携《民法典》。

朱小憨拿过那本《民法典》,和龚思奇开始翻找。他们前翻翻、后翻翻,找了好一会儿,也没有找到王多智口中所说的"道理"。

"《民法典》共七编,依次为总则编、物权编、合同编、人格权编、婚姻家庭编、继承编、侵权责任编,以及附则,共一千二百六十条。你这样毫无头绪地乱翻,怎么翻得到呢?"王多智拿回了那本《民法典》,指着目录给朱小憨和龚思奇看,"我们要根据目录,有目的性地翻找,才能更好更快地找到答案。你们觉得小胖的难题应该属于哪一编?"

"小胖的难题,涉及邻居家的围墙,也就是物权的归属问题。同时,还涉及小胖家的邻里关系问题。"朱小憨想了想,说道。

5. 小胖家的难题

"那么，你们觉得应该在哪一编、哪一章节能找到答案呢？"王多智继续发问。

"在物权编的第七章，也就是相邻关系中找。"朱小憨和龚思奇恍然大悟，拿过《民法典》，开始查找起来。很快，他们就有了发现，"《民法典》第二百九十五条规定，不动产权利人挖掘土地、建造建筑物、铺设管线以及安装设备等，不得危及相邻不动产的安全。"

"小胖邻居家的那堵围墙有很大的裂缝，摇摇欲坠，危及了小胖家房屋的安全，这是不被允许的。"王多智分析道，"你们可以让小胖的父母拿着这本《民法典》，去找村委会解决难题。"

"对对对，我们马上行动起来。"朱小憨听王多智这么一说，有了必胜的信心，干劲十足地开始了行动。

事情比想象中进行得还要顺利——村委会的工作人员听了小胖父母的诉求，又看了《民法典》的规定，意识到围墙的危险性，立刻联系小胖家的邻居，要求他拆除这堵围墙，及时消除危险。

"通过这件事，我又跟着智多星学到了本领。"事情解决之后，民法典学习小组开展了一次活动。发言环节，朱小憨自信满满地给大家总结了自己的收获。

"小憨的进步真大，我们为他点赞。"沈子淳带头鼓掌，气氛十分活跃。朱小憨倍儿有成就感，激动了好几天。

不久，小胖找到朱小憨，告诉他自己又遇到难题了："我家房前的另一个邻居要翻修房屋。他家想盖三层小楼，可是这样一来，就会影响我家的房屋采光。我爸爸找他理论，他却认为在自己的宅基地上建房，想盖多高就盖多高，谁都无权干涉……"

"小胖，这个难题我们自己就可以解决。"朱小憨索性买了一本《民法典》送给小胖，还将王多智那天告诉他的话一字不落地转述给小胖，"《民法典》共七编……我们要根据目录，有目的性地翻找，才能更好更快地找到答案。这个问题也属于物权编相邻关系的内容。"

"我国《民法典》第二百九十三条规定，建造建筑物，不得违反国家有关工程建设标准，不得妨碍相邻建筑物的通风、采光和日照。有了这部法典，我就有办法了！"小胖谢过朱小憨，兴冲冲地找他的爸爸妈妈去了。

超强大脑

亲爱的小法迷们：请认真回忆故事中的细节，然后在不回看的情况下，试着回答下列问题。

5. 小胖家的难题

1. 小胖家屋后的围墙是谁家的?
2. 后来,小胖家的邻居是否拆除了那堵围墙?
3. 朱小憨为了帮助小胖解决难题,送了小胖一本什么书?

"小法官"训练营

1. 建造建筑物,能不能妨碍相邻建筑物的通风、采光和日照?

2. 不动产权利人挖掘土地、建造建筑物、铺设管线以及安装设备等,应当注意什么?

小剧场

朱小憨的诡计

朱小憨打算重新翻修自己的房屋。他看到邻居一家出远门,心生一计。

朱小憨:趁他们不在家,我将房屋的位置向前移动几米。

朱小憨说干就干。很快就将房屋修好了。

朱小憨:大功告成了!

邻居回家,发现朱小憨翻修的房屋影响自家的光照,将他告上法庭。

> 邻居：朱小憨家的房屋影响了我家的光照，我要求他拆除……
>
> 法官：本庭宣告，被告五日之内拆除建筑物。
>
> 朱小憨：唉，我又白忙活了！

参考答案

超强大脑

1. 小胖邻居家的。

2. 是的。

3. 送了小胖一本《民法典》。

"小法官"训练营

1. 不能。

2. 应该注意不能危及相邻不动产的安全。

6.
改名的烦恼

为了培养小学生的写作兴趣和能力,市教育局以"我的家乡"为主题,面向全市小学生举办了一次作文大赛。龚思奇喜欢写作,又渴望获奖,下了十足的功夫写了一篇作文,投递到市教育局作文大赛组委会的收件邮箱参加比赛。

一段时间后,市教育局作文大赛组委会在市教育局官方网站公布了获奖榜单。功夫不负有心人,龚思奇的名字出现在了一等奖的榜单前列。

"我获奖了,而且是一等奖!"这天下午放学后,龚思奇做完功课打开电脑,登录了心心念念的市教育局官方网站。打开获奖榜单之后,她一眼就看到了自己的名字。那一刻,她的心情无比激动,赶紧打电话将这个好消息告诉了好朋友朱小憨、王多智和沈子淳,还让大家去网上看她的获奖信息。

朱小憨和沈子淳正在王多智家玩,他们迫不及待地上网去看获奖榜单。很快,他们发现龚思奇名字后面的学校和班级弄错了。

三个小伙伴认为学校和班级错误的话,可以申请更正,并没有太在意。可再仔细一看,发现获奖榜单中还有一个"龚思奇"的名字。

"看下面,三等奖,龚思奇,学校和班级都是对的。"沈子淳指着屏幕,对王多智和朱小憨说。

"凭我的直觉,我们市应该有两个同学叫龚思奇。下面三等奖这个龚思奇,才是我们班的龚思奇。"朱小憨说,"可怜思奇以为自己是一等奖,空欢喜一场。"

6. 改名的烦恼

三个小伙伴经过一番商量，觉得不能让龚思奇蒙在鼓里，于是将这个消息告诉了她。

"我不相信——有可能他们弄错了呢？"龚思奇一时难以接受三个小伙伴的话，生了好一会儿闷气之后，才慢慢接受这个"现实"，"作文大赛组委会那么多评委和工作人员，应该不会弄错。看来，我们这座城市还真有人和我同名同姓。"

第二天上学的时候，龚思奇显得有些闷闷不乐。

"思奇，下次再努把力，争取把她比下去。"朱小憨以为龚思奇还在为自己没有获得一等奖耿耿于怀，于是安慰她说。

"我只是不希望和别人同名同姓。最好，能有一个特别一点儿的名字。"龚思奇想要给自己改个名字，请朱小憨帮她出出主意。

"你要不改一个字，叫龚思琪？"朱小憨说。

"我昨晚就想过，但上网一查，有人叫这个名字呢。"龚思奇有点失望地说。

"那你索性不要那个'琪'，直接叫龚思得了！"紧接着，朱小憨又给龚思奇想了好几个名字，结果都被她一一否定。

"既然决定要改名，就得改个特别一点儿的。最好别人都没用过。"龚思奇说。

"这样呀……要不，你就把'思奇'的汉语拼音首字母大写作为名字，直接叫'龚SQ'得啦。"朱小憨摸着头想了好一会儿，眼睛一亮，想到一个特别的名字。

"这样好吗？"龚思奇觉得这样一改，特别倒是特别了，但总觉得很别扭。

"你不一定能改这样的名字。"这时，王多智和沈子淳走了过来。

"每个人都享有姓名权，有权依法变更自己的姓名……这一点我是知道的。所以，我要改什么样的名字，应该我自己做主吧？"龚思奇问。

"我国《民法典》第一千零一十二条确实规定，自然人享有姓名权，有权依法决定、使用、变更或者许可他人使用自己的姓名，但是不得违背公序良俗。可是这'龚SQ'……"沈子淳也觉得这个名字有点儿不妥当。

"关键问题在于你想改的新名字里面有'SQ'两个字母。"王多智一语道破了大家心里的疑问，"前段时间，我听爸爸说过曾经某地一个学生的名字里面有一个字母，换二代身份证的时候，被当地户籍民警要求去掉……"

6. 改名的烦恼

"这是一起广受关注的案子,我也听说过。后来,这个学生为了保留名字中的字母,还和当地公安部门对簿公堂。结果,一审判决是他赢了。"朱小憨也知道这件事。

"赢了不假,但对于这个判决,当地公安部门则是一肚子苦水。因为在实际操作中,他这样的名字无法录入全国人口信息管理系统。"王多智说。

"怎么会?"朱小憨和龚思奇好奇地看着王多智。

"只要全国人口信息管理系统不作更改,即使法院强制执行,当地公安部门也无法执行法院的判决。所以后来,这个学生还是和当地公安部门协商更名了。"王多智追踪了整个事件的始末。

"看来,这个很特别的名字是不能用了。"龚思奇明白过来,"大家再帮我想想,看有没有更好、更特别的名字。"

"好端端的,为什么要改名字呢?"王多智和沈子淳问。

"我担心自己和别人重名,会给今后的生活带来麻烦。"龚思奇说出了自己的担忧。

"我国《民法典》第一千零一十四条规定,任何组织或者个人不得以干涉、盗用、假冒等方式侵害他人的姓名权或者名称权……你的名字你做主,别人是不能用你的名字干坏事的。即便重名,还有其他身份信息不一样。所以你的担忧是多余的。"沈子淳说。

"那好吧。"龚思奇放下心来。

超强大脑

亲爱的小法迷们：请认真回忆故事中的细节，然后在不回看的情况下，试着回答下列问题。

1. 作文大赛中，龚思奇获得了几等奖？
2. 朱小憨给龚思奇想了很特别的名字，这个名字是什么？
3. 姓名中可以有字母吗？

"小法官"训练营

1. 姓名权是一种什么样的权利？
2. 学校可以干涉学生的姓名权吗？

小剧场

广告里的名字

朱小憨路过一家游泳馆，看到广告栏上写着"市级游泳冠军朱小憨亲临指导"的字样。

朱小憨：我们市哪有游泳冠军朱小憨呢？这分明就是盗用了我的名字。

6. 改名的烦恼

> 朱小憨找到游泳馆老板王多智。
>
> 朱小憨：你们游泳馆用了我的名字打广告，侵犯了我的姓名权。我要告你！
>
> 王多智：广告里的朱小憨另有其人——是另一个城市的市级游泳冠军，才评出来的。
>
> 朱小憨：看来，我又孤陋寡闻了。

参考答案

超强大脑

1. 三等奖。

2. 龚 SQ。

3. 不可以。

"小法官"训练营

1. 姓名权是公民依法享有的决定、使用、变更或者许可他人使用自己的姓名的权利。

2. 不能。因为我国《民法典》第一千零一十四条规定，任何组织或者个人不得以干涉、盗用、假冒等方式侵害他人的姓名权或者名称权。

7.
扰梦的强光

　　班里换座位了，朱小憨和新转来的同学黄艺博成了同桌。朱小憨希望能和新同桌搞好关系，处处关注起黄艺博来。

　　很快，朱小憨就发现黄艺博最喜欢做的事情就是打瞌睡。下课打，上课也打，有一次还被老师发现，挨了批评。

　　"黄艺博同学，你上课能不能专心一点儿，别打瞌睡了。"朱小憨希望能够帮到黄艺博，处处提醒他。

　　"我也不想打瞌睡，可就是忍不住呀。"黄艺博一脸苦闷地说。

　　"你准备一瓶风油精，想打瞌睡的时候就往太阳穴上涂一点儿。"朱小憨记得小时候外婆就是用这招儿帮他提神醒脑的。

　　"好吧！"黄艺博果真带来一瓶风油精，可是他还没来得及涂上，就打起了瞌睡。

　　"你是睡仙吗？"朱小憨摇醒黄艺博，打趣道。

7. 扰梦的强光

"我也是没办法呀。"黄艺博揉揉惺忪的睡眼,一边往太阳穴涂风油精,一边苦笑着说。

涂上风油精后的黄艺博果然精神了一些。可他没能撑多久,就又开始犯困。

"治标不治本。看来,必须找出你打瞌睡的原因才行。"朱小憨开始探究黄艺博为什么会打瞌睡。

"以前我不是这样的。"黄艺博说,"自从搬新家之后,我才白天打瞌睡的。好像白天有睡不完的觉一样。"

"你是不是生病了?"朱小憨猜测黄艺博因为生病才打瞌睡。黄艺博摇摇头,否定了他的猜测。

"现在是春天,春天会有春困的现象发生。春困就像传染病,让大家忍不住哈欠连天。这不是病,是人体生理机能随自然季节变化而发生相应调节的一种生理现象……但是我们大家都没有像你那样打瞌睡呀?所以春困也不成立。"紧接着,朱小憨又提出一个猜想,可好像不太有说服力。

为了弄清黄艺博白天打瞌睡的原因,对症下药,治标治本,朱小憨将龚思奇、王多智和沈子淳召集到一起。

"黄艺博白天爱打瞌睡……我们帮他找到原因,然后一起来帮助他吧!"朱小憨将黄艺博的情况一五一十地告诉大家,请大家出谋划策。

"凭我的经验，问题一定出在他搬新家之后。"王多智皱着眉头说。

"对，我也觉得问题应该出在他搬家之后！"几个小伙伴异口同声地说。

为此，四个小伙伴开始着手调查黄艺博搬新家后的事儿。很快，他们发现黄艺博搬新家之后，爸爸妈妈去外地打工，他只和奶奶住在一起。

"奶奶一般比较溺爱孙子。我猜测黄艺博晚上打游戏，耽搁了睡觉，才导致白天打瞌睡。"沈子淳说。

"经过这些天的接触，我们发现黄艺博并不喜欢打游戏。其实，他还是挺爱学习的。会不会是因为晚上看书太晚，以至于影响睡眠呢？"朱小憨提出了不同的见解。

"不妨问问他。"龚思奇觉得可以找黄艺博当面问清楚，也好解决问题。

"我晚上没有看书太晚。但不知为什么，这段时间我总是失眠。"黄艺博知道大家想帮助他，于是老老实实地说。

"小小年纪，还总是失眠？"小伙伴们一听，都很吃惊。

"失眠的原因有很多，有的与年龄有关，有的与身体健康状况有关，还有的与心理因素有关。譬如情绪紧张、心情

7. 扰梦的强光

抑郁、思虑过多、争强好胜、过于兴奋……"沈子淳的妈妈是医生,她耳濡目染,懂得一些医学知识。

"我失眠可能是与环境有关。"黄艺博接过沈子淳的话茬儿说,"我们搬新家之后不久,距离我家只有二十米的汽车销售公司在展厅围墙边安装了三盏大射灯。每晚七点到第二天清晨五点开启。因为灯的位置和我家阳台差不多高,所以这些灯开启后,灯光除了能照亮汽车销售公司的经营场所外,还能散射到我家,很刺眼……"

"这是活脱脱的光污染!"王多智义愤填膺地说,"必须得让汽车销售公司停止污染,给个说法。"

"奶奶已经找过他们几次了。他们见奶奶年事已高,根本就没搭理她。"对此,黄艺博也是无计可施,"再去找他们,他们就以'没有把灯安装到我家里'为由说服我们。"

"你干脆每天晚上蒙着被子睡。"朱小憨出了一个主意。

"那样会闷气。"黄艺博苦笑。

"关键时刻,我们怎么忘记了用法律维权呢?万变不离其宗,我们还是得用法律手段帮黄艺博维护自己的合法权益。"关键时刻,王多智拿出了《民法典》。几个小伙伴开始翻找法律条文:"我们得找一条法律来治治他们。"

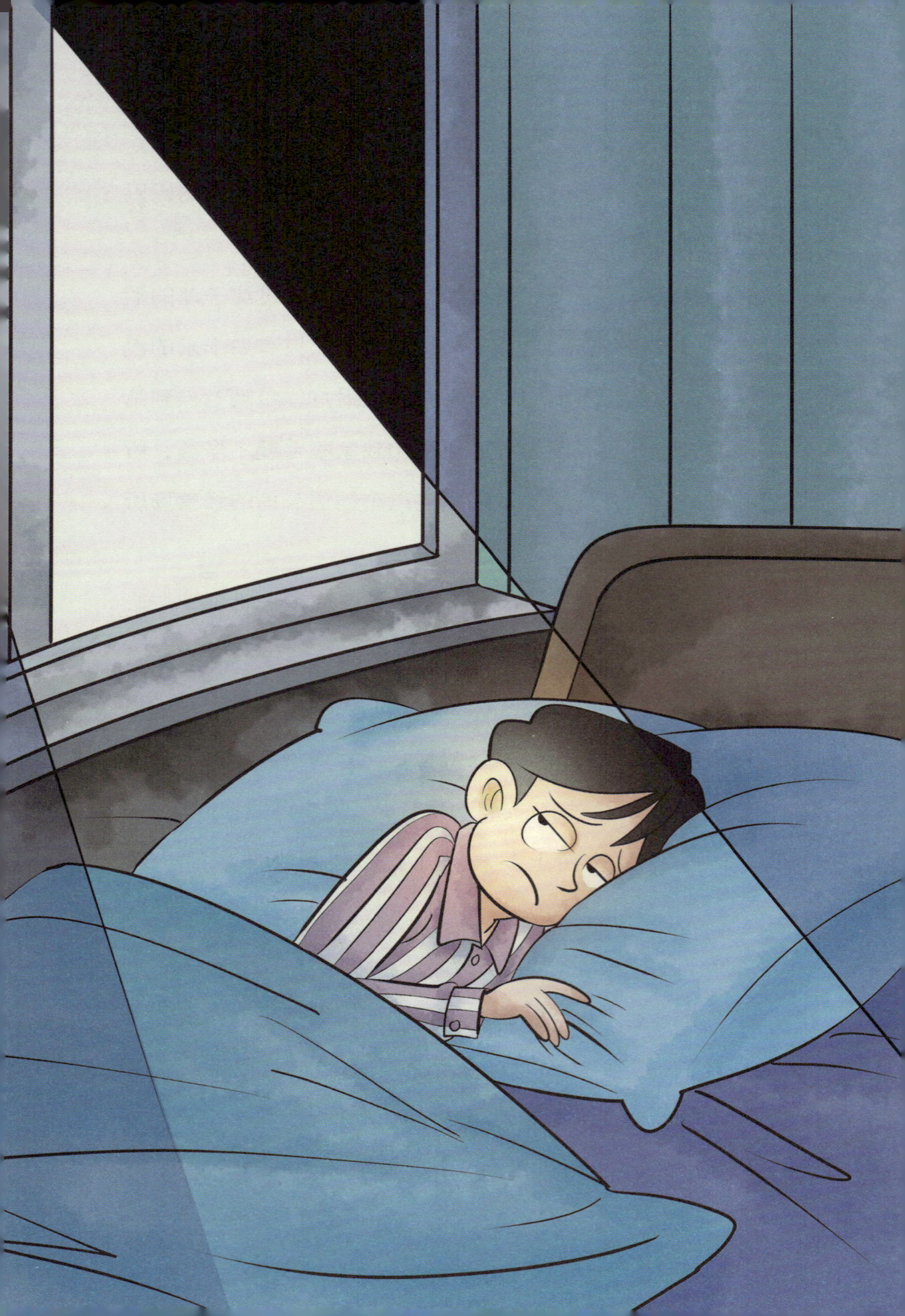

7. 扰梦的强光

大家找了好一会儿，才找到一条与光污染能扯上点儿关系的《民法典》条文："我国《民法典》第二百九十四条规定，不动产权利人不得违反国家规定弃置固体废物，排放大气污染物、水污染物、土壤污染物、噪声、光辐射、电磁辐射等有害物质。"

"这里提到的光辐射，就与汽车销售公司基于经营的需要在围墙边安装射灯有关。虽然他们的行为本身并无过错，但是灯安装的位置很特殊，和黄艺博家的阳台距离很近，而且没有任何遮挡，开启时间为每晚七点到第二天清晨五点，正是夜间休息时间，严重影响了他家的正常休息，已经超出一般公众所能容忍的程度。因此，汽车销售公司的行为已经构成光污染，侵害了黄艺博家的权利，需要承担相应的责任。"王多智总结。

"我有权利让他们停止侵害吗？"黄艺博问。

"《民法典》第一千二百二十九条规定，因污染环境、破坏生态造成他人损害的，侵权人应当承担侵权责任。你们可以根据《民法典》第一百七十九条，要求他们停止侵害、排除妨碍、消除危险。如果他们固执不改，你们还可以要求他们承担赔偿损失等民事责任。"沈子淳说。

"我知道该怎么做了。"黄艺博拿过那本《民法典》，打算和奶奶一起去找汽车销售公司理论。

超强大脑

亲爱的小法迷们：请认真回忆故事中的细节，然后在不回看的情况下，试着回答下列问题。

1. 朱小憨的新同桌黄艺博为什么白天爱打瞌睡？
2. 黄艺博家距离汽车销售公司有多远？
3. 朱小憨建议黄艺博如何防止夜间强光刺眼？

"小法官"训练营

1. 我国《民法典》第二百九十四条规定，不动产权利人不得违反国家规定弃置、排放哪些有害物质？
2. 不动产权利人违反国家规定弃置固体废物的，受害者可以要求其承担哪些形式的民事责任？

小剧场

朱小憨的歌舞厅

朱小憨在居民小区附近开了一家歌舞厅。

朱小憨："小憨歌舞厅"开张了，大家快来捧场呀。

"小憨歌舞厅"生意火爆，半夜三更还歌舞升平。

7. 扰梦的强光

> 歌舞厅附近的居民打电话报警。
>
> 民警到歌舞厅勒令朱小憨关店。
>
> 民警：半夜三更，影响人家休息，赶紧关掉。要不然，我们走法律程序。
>
> 朱小憨：是是是！

参考答案

超强大脑

1. 因为他夜间失眠。

2. 二十米距离。

3. 蒙着被子睡觉。

"小法官"训练营

1. 我国《民法典》第二百九十四条规定，不动产权利人不得违反国家规定弃置固体废物，排放大气污染物、水污染物、土壤污染物、噪声、光辐射、电磁辐射等有害物质。

2. 要求其停止侵害、排除妨碍、消除危险。如果其固执不改，还可以要求其承担返还财产、恢复原状、赔偿损失、支付违约金、赔礼道歉等民事责任。

8.

身体也有权

王多智家的多肉植物可以分株了,他打算将分株后多余的多肉植物送一些给朱小憨和龚思奇。朱小憨和龚思奇早就想养多肉植物了,两个人得到这个消息之后,立马往王多智家赶去。

途中,他们看到马路对面有一位盲人老爷爷拄着拐杖,慢慢摸索着向这边走来。一辆辆汽车与他擦身而过,看起来非常危险。

朱小憨和龚思奇见此情景吓得不轻,正想上前去帮忙。所幸这时,一位交警叔叔飞奔到马路中间,小心地搀扶老爷爷走过了马路。到达安全地带后,交警叔叔才松开手。

"爷爷,你可以走盲道。"龚思奇和朱小憨上前,将老爷爷搀扶着走上了盲道。

"小同学,谢谢你们啦!"对此,老爷爷很感激。

"不客气!这是我们应该做的。"朱小憨和龚思奇见老爷爷和蔼可亲,将话题唠开了。谈话中,两个小伙伴了解到

老爷爷是因为患病才导致眼睛失明的。

"要怎样才能治好你的眼睛？"朱小憨关切地问。

"导致我失明的主要原因在于眼角膜坏死，所以我需要移植眼角膜才能复明。现在，我只能被动等待有人捐献眼角膜。"老爷爷很无奈。

"要等到什么时候才能得到捐赠呢？"朱小憨希望老爷爷能尽快得到移植复明，赶紧问道。

"我国盲人群体庞大，其中很多是因为眼角膜病变引发失明的。捐赠的眼角膜供不应求，我的移植手术遥遥无期……"老爷爷叹了一口气。

"眼角膜买得到吗？可以动员人来捐赠吗？"龚思奇问。

"我国法律规定不准出售眼角膜，眼角膜的来源必须是自愿捐赠。一般情况下，人去世之后六小时之内才能捐赠。"老爷爷等了很久也没能等到眼角膜捐赠。

告别老爷爷之后，朱小憨和龚思奇继续往王多智家走。两个小伙伴全然没了即将要得到多肉植物的快乐。

"你们有什么心事吗？"到了王多智家后，王多智见他们闷闷不乐，一边给多肉分株，一边问。

"……现在捐献的眼角膜供不应求。"龚思奇将从老爷爷那里了解到的情况告诉了王多智。

"其实，爱心人士有很多。看，这位叔叔为了挽回亲属的生命，捐出了自己的肾脏。这位妻子捐出了遭遇交通事故遇难的丈夫的眼角膜和心脏……"王多智停下手里的活儿，打开电脑，搜索出了一些新闻。

"这些能捐出肾脏、心脏的人很了不起。他们大爱无私。如果可以，我也要捐赠。"朱小憨被网上的新闻深深感动，突然说。

"捐赠器官是要做手术的。你敢吗？"龚思奇问。

8. 身体也有权

"我可以有选择地捐。譬如,我可以捐出自己的眉毛、指甲和头发。"朱小憨想了想之后,一本正经地说。

"眉毛、指甲和头发根本不需要捐赠啊。至于眼角膜,你舍得捐赠吗?肾脏,你舍得捐赠吗?看来,你还是没有捐赠器官的爱心和决心呀。你该不会是怕疼不敢捐吧?光说不练假把式。"龚思奇嘲笑朱小憨。

"捐不捐,我自己说了算。你不要道德绑架。"朱小憨见龚思奇这么说,有点儿生气了,"你呢?你怎么不捐?"

"多智,你看小憨,他欺负人。"龚思奇请王多智评理。

"好像捐赠器官这种事,需要自己做主,别人是左右不了的。我们还是来翻翻《民法典》,看法律是怎样说的吧。"王多智索性拿出《民法典》,仔细翻看起上面的内容来,"我国《民法典》第一千零六条第一款规定,完全民事行为能力人有权依法自主决定无偿捐献其人体细胞、人体组织、人体器官、遗体。任何组织或者个人不得强迫、欺骗、利诱其捐献。"

"我没有满十八岁,不是完全民事行为能力人,还不具备捐赠的资格。"朱小憨一下子就抓住了"重点"。

"可是我记得之前看过一个新闻,报道一个十三岁的小女孩出车祸去世，捐出器官救了五个人。"龚思奇想起一件事，反驳朱小憨。

"我国《民法典》第一千零六条第三款规定，自然人生前未表示不同意捐献的，该自然人死亡后，其配偶、成年子女、父母可以共同决定捐献，决定捐献应当采用书面形式……由于小女孩死亡前没有表示不愿意捐赠，所以她父母才可以决定是否捐赠。其实，他们的捐赠除了出于爱心，还出于对女儿的留恋，他们也希望通过捐赠器官，在救助其他人的同时，让女儿的生命从某种意义上得到延续。"王多智说。

"万一你有个什么三长两短，叔叔阿姨就有权利决定捐赠。倒不如你自告奋勇说会捐赠来得好！"龚思奇开玩笑说。

"思奇，乌鸦嘴！你真是没安好心。"朱小憨想想就觉得可怕。

"我国《民法典》规定，任何组织或者个人不得强迫、欺骗、利诱其捐献。思奇，你这种激将法也不妥当。"王多智站在朱小憨这边。

"对对对，我的身体我做主。所以，我还是先不捐赠了。"朱小憨一颗悬着的心总算落了地。

8. 身体也有权

"不过，国家还是提倡自愿捐赠器官的。毕竟，给予也是一种快乐。"王多智将分好的多肉植物送给了朱小憨和龚思奇。

"小憨，你不再考虑考虑了吗？"龚思奇打趣道。

"这个问题有点儿难，我得好好想想。"朱小憨陷入了久久的沉思中……

💡 超强大脑

亲爱的小法迷们：请认真回忆故事中的细节，然后在不回看的情况下，试着回答下列问题。

1. 是谁搀扶盲人老爷爷过马路的？
2. 朱小憨想捐赠什么？

🎯 "小法官"训练营

1. 什么样的人有权依法自主决定无偿捐献其人体细胞、人体组织、人体器官、遗体？
2. 自然人生前未表示不同意捐献的，其死亡后，配偶、成年子女、父母可以共同决定捐献其器官吗？

小剧场

捐赠眼角膜

患者需要移植眼角膜才能复明。医生朱小憨积极寻求眼角膜来源。

朱小憨：谁要捐赠眼角膜呢？

重症病人：我去世后，可以捐赠眼角膜。

朱小憨：谢谢你，你真是一个好人！

不久，重症病人去世。他的女儿拒绝进行眼角膜捐赠。

女儿：我爸爸生前有说过捐赠眼角膜，但去世前后悔了，所以不捐赠了。

朱小憨感到很遗憾。医院院长王多智宽慰朱小憨。

王多智：完全民事行为能力人依据法律规定同意捐献的，应当采用书面形式，也可以订立遗嘱。所以之前口头捐赠不算数。

参考答案

超强大脑

1. 一位交警叔叔。

8. 身体也有权

2. 眉毛、指甲和头发。

"小法官"训练营

1. 完全民事行为能力人。

2. 可以。

9.

丁小白的烦恼

一连好几天,丁小白的心情都不是很好。甚至有时候上课还会走神。

"小白,你最近怎么啦?"朱小憨最先发现了丁小白的异常。这天放学后,他拦住丁小白问。丁小白摇摇头,一副有苦说不出的样子。

"说吧,我给你撑腰!"朱小憨察觉丁小白有苦衷,拍着胸脯说。

"一个月前,龚思奇借了我十元钱,说好过几天就还给我,可不知道她是不是忘记了,到现在也没还我。这事儿都快一个月了。我本来想问,又觉得不好意思开口。"丁小白的顾虑很多,他忐忑地说,"我只想在不影响我和她友谊的情况下,让她把钱还给我。这事儿,你千万别告诉其他人。"

"包在我身上。"朱小憨认为这是小事儿一桩。

"难道你有高招儿?"丁小白眼睛一亮,问道。

9. 丁小白的烦恼

"高招儿算不上,但至少能算一个一般的招数吧!"朱小憨说。

"你有什么招儿?"丁小白问。

"这招儿就叫唤起记忆!到时候你看我的就是。"朱小憨想到可以用熟悉的情景唤起龚思奇对借钱的记忆。他让丁小白当着龚思奇的面,向自己借十元钱。

丁小白照做,但龚思奇却像失忆了一般,压根儿就没反应。很显然,她并没有想起曾经借过丁小白钱这件事儿。

朱小憨见一招不成,赶紧又想出一招,也就是想办法提醒龚思奇曾经借过丁小白的钱。他让丁小白在课间活动的时候,拿着十元钱故意在龚思奇面前晃悠。

"有钱了不起吗?"结果龚思奇没好气地吼了丁小白一句。丁小白很尴尬,恨不得找个地缝儿钻进去。

"朱小憨,我再也不听你的馊主意了。"丁小白认为朱小憨是在整蛊他,赌气再也不听朱小憨的主意了。

朱小憨觉得很过意不去,于是直截了当去问龚思奇:"思奇,你一个月前曾经借过丁小白十元钱。你还记得吗?"

"哪儿有呀?"龚思奇摸摸脑袋,疑惑地看看朱小憨,又看看丁小白。

"借钱还不承认。你怎么能这样？"丁小白没想到龚思奇竟然不承认曾经借过他的钱，气不打一处来。

"小白，我真的没有借过你的钱啊。"龚思奇拍拍自己的脑袋，使劲儿想也想不起来。

"你是个不守信用的人。现在，我总算看清你了。"丁小白更加生气了，他将音调提高了许多。

"没有借就是没有借。你怎么诬赖好人呢？"龚思奇也将声调提高了许多。

同学们闻声，纷纷围聚过来。王多智和沈子淳也来了。

"多智、子淳，你们来评评理。"丁小白和龚思奇都希望王多智和沈子淳帮忙评评理。他们各说各的，听起来都有道理。

"小白，龚思奇真的借过你钱吗？"王多智问。

"思奇，你是不是没借过丁小白的钱？"沈子淳问。

丁小白和龚思奇都十分坚定地点着头，一口咬定自己的说法是对的。事情变得难办起来。不过，这可难不倒民法典学习小组的组长们。

"凡事得讲证据。小白，你能提供思奇借钱的证据吗？"王多智问丁小白。丁小白摇摇头，事情过去很久了，他拿不出证据来。

9. 丁小白的烦恼

"思奇,那你能提供你没有借钱的证据吗?"沈子淳问龚思奇。龚思奇被问蒙了,一时之间无言以对。半晌,她挤出一句:"没借就是没借,怎么还要证据呢?"

几个小伙伴陷入沉默之中。

"我想起来了。当时,我和思奇有过一个口头协议。"突然,丁小白一拍腿大叫道。

"什么协议?"朱小憨问。

"当时我和思奇约定借给她钱后,她过几天就还。可是她忘记了。"丁小白说。

"口头协议管用吗?"朱小憨对丁小白十分信任。

"《民法典》第四百六十九条规定,当事人订立合同,可以采用书面形式、口头形式或者其他形式……你们之间的口头协议,就相当于订立了口头形式的合同。这在法律上是可以被承认的。"王多智拿出书包里的《民法典》,翻出其中一个条文,念了出来。

"谁和你定了借钱的口头协议呢?要是真有口头协议,那么谁能证明呢?"龚思奇反驳道。

"一个月前,你难道想不起来了吗?"由于丁小白和龚思奇订立口头协议的时候,只有两个人在场,没有证明人,所以丁小白百口莫辩。

"口头协议取证难。你们有没有定书面合同呢？"沈子淳问。丁小白摇摇头。

"书面形式是合同书、信件、电报、电传、传真等可以有形地表现所载内容的形式。"王多智补充道，"同时，以电子数据交换、电子邮件等方式能够有形地表现所载内容，并可以随时调取查用的数据电文，视为书面形式……再仔细想一下，看看有没有？"

"还真的没有……"丁小白想了半天，也没想出来。

"的确没有……只不过，我好像想起来了。"龚思奇经王多智那么一提醒，想起了一些事，她觉得很不好意思，"我那天借钱之后，跟着妈妈去了她的公司。本来我是要向妈妈要钱还给小白的，可是遇到妈妈公司正和其他公司进行网上谈判，他们当时签了电子合同，还用电子邮件的形式发送给了对方。我在一旁看着，觉得很稀奇……就是因为这事儿转移了我的注意力，我才忘记了借钱还钱这件事。小白，对不起！"

"没关系。可是，你得还钱呀！"丁小白说。

"我马上就还钱！"龚思奇从兜里拿出十元钱，还给了丁小白。

9. 丁小白的烦恼

超强大脑

亲爱的小法迷们：请认真回忆故事中的细节，然后在不回看的情况下，试着回答下列问题。

1. 多久以前，龚思奇借了丁小白十元钱？
2. 丁小白通过提醒让龚思奇想起曾经借过他的钱了吗？
3. 丁小白借钱给龚思奇，签订了什么协议？

"小法官"训练营

1. 当事人订立合同，可以采用哪些形式？
2. 以电子数据交换、电子邮件等方式能够有形地表现所载内容，并可以随时调取查用的数据电文，可视为书面形式的合同吗？

小剧场

借款合同

朱小憨通过电子邮件向王多智借钱。

朱小憨：老兄，我手头儿有点儿紧。你能借两万元钱给我吗？

王多智：没问题。

> 王多智给朱小憨转账两万元。
>
> 半年后,王多智遇到经济困难,向朱小憨讨账。
>
> 王多智:小憨,你能还我钱,让我救救急吗?
>
> 朱小憨:我没借你钱啊。
>
> 王多智将当初朱小憨借钱的电子邮件拿了出来。
>
> 王多智:书面形式是合同书、信件、电报、电传、传真等可以有形地表现所载内容的形式。我有证据在手……
>
> 朱小憨:我还钱就是!

参考答案

超强大脑

1. 一个月前。

2. 没有。

3. 口头协议。

"小法官"训练营

1. 当事人订立合同,可以采用书面形式、口头形式或者其他形式。

2. 可以。

10.
霸王条款不可取

星期一的早上,朱小憨一瘸一拐去上学。途中,遇上了龚思奇。

"小憨,你这是在跳'迪斯科'吗?"龚思奇打趣道。

"什么'迪斯科'啊!我的腿被狗咬伤了。"朱小憨没好气地对龚思奇说,"没见过像你这样落井下石的。"

"腿被狗咬伤了?你不会是因为调皮逗狗才被咬伤的吧?"龚思奇忍住笑,有点儿幸灾乐祸地问道。

"前天,爸爸妈妈出差了,要一个星期才回来。于是奶奶接我去乡下度周末。上午的时候,我一个人在村子里转悠,看到一座果园的门口写着'内有恶犬,伤人自负'的字样。因为没有听到狗叫声,所以我以为这句话是果园主人吓唬人的。我没太在意,继续在果园四周转悠,不料,突然一条狼狗冲了出来,把我咬伤了。"朱小憨认为自己太倒霉了,"我被咬伤后,奶奶带我去医院处理伤口,还打了狂犬疫苗,花了一千多元。"

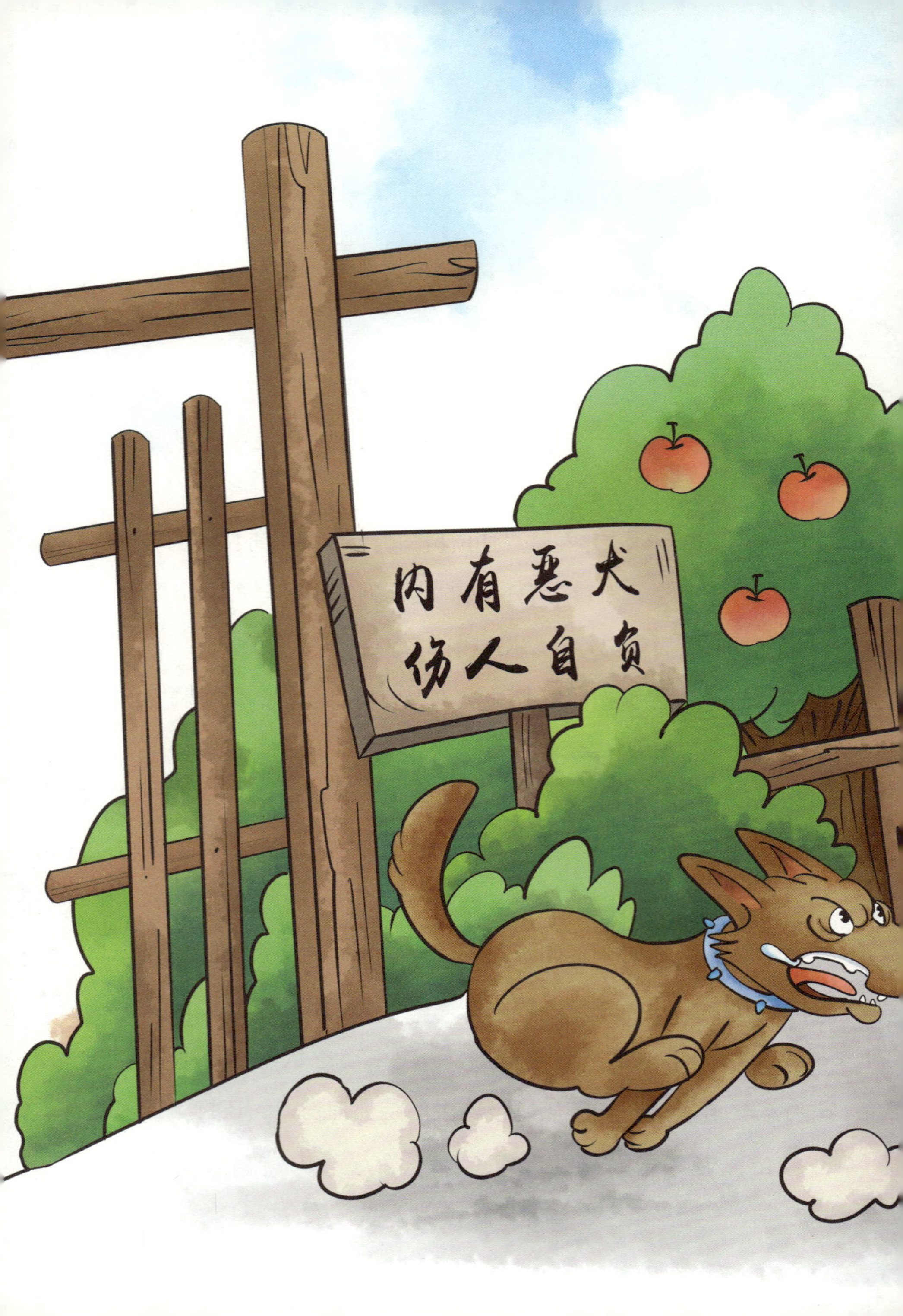
内有恶犬
伤人自负

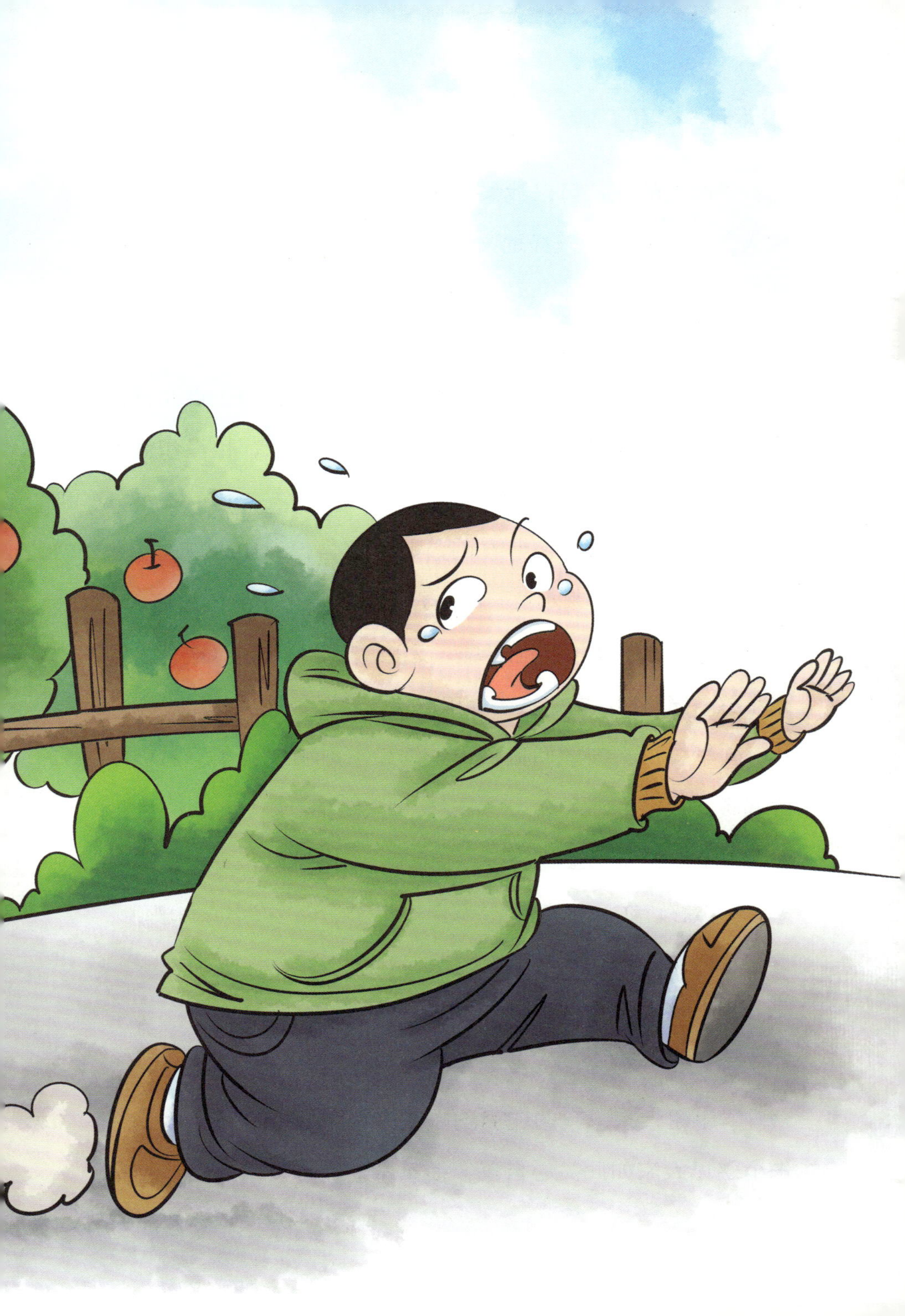

"你花的钱，可以找果园主人，也就是狗主人赔偿。狗咬人，主人赔钱，天经地义。"龚思奇认真起来，义愤填膺地说。

"后来，奶奶带我找过狗主人。他恶狠狠地指着果园门口'内有恶犬，伤人自负'的字样告诉我们，他一点儿责任也没有。"朱小憨委屈地说，"奶奶年纪大了，也没和他理论。过些天，我叫爸爸妈妈去和他理论。"

"也是，人家都已经在门口贴了警告，你还去玩。"龚思奇一方面很同情朱小憨，另一方面又觉得朱小憨不占理。

"哼！你不懂，就别瞎说。反正，我要找狗主人赔偿。"朱小憨一瘸一拐往前走去。龚思奇耸耸肩，紧紧跟上。

到学校后，同学们见状纷纷向朱小憨围聚过来，对他嘘寒问暖。

"小憨，你怎么啦？"

"小憨，你痛不痛呀？"

"小憨，要不要我们替你揉一揉呀？"

"小憨，真是可怜！"

……

"谢谢大家，我的腿被狗咬伤了……我会好起来的。"朱小憨见大家如此关心自己，很是感动，将事情的来龙去脉

10. 霸王条款不可取

说了出来。

"这事儿就应该向果园主人，也就是狗主人索赔。"丁小白想起两年前发生在他老家的一件事，"两年前，我老家有个小孩被狗咬伤，狗主人赔偿了打疫苗的钱，还出了小孩的医疗费，一点儿都没有推诿的意思。"

"现在的关键问题是，人家在果园门口写了'内有恶犬，伤人自负'的霸王条款。也就相当于已经作出警告了。"龚思奇插话道。

"是呀，这事儿恐怕不好办。"同学们一听，纷纷打起了退堂鼓，"小憨，这事儿恐怕不能找狗主人赔偿了。"

"反正，我要等爸爸妈妈回家后再下定论。"朱小憨一点儿也不服输。

"这事儿，我们放学后再合计合计。"上课铃响了，同学们各回各位。王多智安慰了朱小憨一番，才回到座位上。

放学后，王多智将民法典学习小组的组员们聚到一起，替朱小憨出谋划策。

"爸爸妈妈回来，事情可能就好办多了。"朱小憨将所有的希望寄托在爸爸妈妈身上。

"你爸爸妈妈回来也得讲道理才行，所以我们现在最好找到充分的法律依据。"沈子淳说。

"被狗咬伤要求赔偿，应该属于民事行为范畴，我们还是从民法典着手，寻找这个'理儿'。"王多智说着，拿出了《民法典》，"凭我的直觉，这事儿应该从侵权责任编的'饲养动物损害责任'这一章中找答案。"

"这一章的第一千二百四十五条规定，饲养的动物造成他人损害的，动物饲养人或者管理人应当承担侵权责任；但是，能够证明损害是因被侵权人故意或者重大过失造成的，可以不承担或者减轻责任……朱小憨是在果园外面被咬伤的，没有过错，所以果园主人应该赔偿。"王多智翻开《民法典》，很快就找到了法律依据。

"话虽如此，但这不是问题的关键。问题的关键是——"龚思奇打断王多智的话，说道。

"你是说狗主人在果园门口写了'内有恶犬，伤人自负'的字样，是吧？"沈子淳接过话茬儿，提出一条建议，"我们从合同编中再找找依据。"

"根据合同编第五百零六条的规定，造成对方人身损害的，因故意或者重大过失造成对方财产损失的免责条款无效。"王多智发挥翻书很快、一目十行的"超能力"，很快就找到了相关的法律条款。

"换句话来说，果园主人在门口写的'内有恶犬，伤人

10. 霸王条款不可取

自负'是在推卸责任,一旦狼狗造成他人人身损害,这样的免责条款是无效的。说到底,果园主人饲养的狼狗冲出果园咬伤了小憨,果园主人就应当承担侵权责任!"沈子淳一字一句地分析道。

"我也明白了。譬如现在有些商场的行李寄存处写着'丢件概不负责',就属于因故意或者重大过失造成对方财产损失的免责条款,也是无效的。对吧!"龚思奇问。

"是的,这条规定很大程度保障了消费者的合法权益。"王多智说。

"我马上就和奶奶去找果园主人索赔。"朱小憨底气十足地说完,就急匆匆要回家。

"我们支持你。"看着朱小憨一瘸一拐的背影,大家异口同声地说。

超强大脑

亲爱的小法迷们:请认真回忆故事中的细节,然后在不回看的情况下,试着回答下列问题。

1. 朱小憨是在哪儿被果园的狼狗咬伤的?
2. 朱小憨花了多少钱处理伤口和接种狂犬疫苗?
3. 一开始,果园主人以什么理由拒绝了朱小憨的索赔请求?

"小法官"训练营

1. 合同中,造成对方人身损害的免责条款,是否具备法律效力?

2. 合同中,因故意或者重大过失造成对方财产损失的免责条款有效吗?

小剧场

"霸王条款"

为了免责,朱小憨在自己开的游泳馆内贴上了"溺水自负"的提示。

朱小憨:这下,我就没有责任了。

一天,王多智来游泳馆消费,发现了游泳馆内的"霸王条款"。

王多智:根据《民法典》合同编第五百零六条的规定,造成对方人身损害的免责条款无效。写这些没用。

朱小憨只好撤下"霸王条款",决定好好完善游泳馆的安保措施。

朱小憨:看来,不动歪脑筋,好好完善安保措施才是上策呀!

10. 霸王条款不可取

参考答案

超强大脑

1. 果园外。

2. 一千多元。

3. 他以果园门口写了"内有恶犬,伤人自负"为由,拒绝了朱小憨的索赔请求。

"小法官"训练营

1. 不具备法律效力。

2. 无效。

11.

被诽谤的名誉

朱小憨新买的漫画书丢了,丢得毫无征兆。他想不起来自己是在什么时间段、什么地点丢掉的,只记得两天前那本漫画书还好端端地放在书包里。

"怎么就无缘无故不见了呢?"朱小憨冥思苦想,始终没有想到关于漫画书的任何线索。这天放学后,他和龚思奇一起回家,向龚思奇打听道:"思奇,你看见我的漫画书了吗?"

"是不是你新买的那本漫画书?"龚思奇问。

"就是就是,你有看到吗?"朱小憨以为龚思奇知道什么,赶紧问道。

"我看到你前些天在看,后来就不知道了。"龚思奇没能提供任何有价值的线索。

"问你也是白问。"朱小憨垂头丧气道。

"怎么说是白问呢?"龚思奇想了想,问,"你的漫画书是什么时候丢的呢?说出来,我给你分析分析。"

11. 被诽谤的名誉

"我仿佛记得我的漫画书前两天还在书包里。不知道为什么,它一下子就不见了。"朱小憨实话实说。

"如此说来,你的漫画书是在这两天丢的。这两天,班里有什么异样之处呢?容我想想……"龚思奇皱着眉头使劲儿想。半晌之后,她拉住朱小憨,小声说,"这两天课间活动的时候,丁小白没怎么出教室。你的漫画书会不会被他顺手牵羊拿走了……"

"小白就坐在我后桌。他要是拿走我的漫画书,还真有点儿神不知鬼不觉。几天前,他看见我在看新漫画书,想要借去看,我没答应。他很有可能因为我不借给他看,偷偷将我的漫画书拿走了……"朱小憨觉得龚思奇的话有道理。

"小白的家庭条件一般,上次他看中一套漫画书,他妈妈认为太贵了没同意,也就没买成。"龚思奇想起几个月前发生的一件事。她觉得丁小白拿走朱小憨漫画书的可能性比较大。

"不说不知道,一说吓一跳。难不成我的后桌是小偷?"朱小憨越来越觉得就是丁小白拿了他的漫画书。他决定找丁小白把事情弄清楚。

第二天上午课间活动的时候,朱小憨问丁小白:"漫画书好不好看?"

"什么漫画书？"丁小白不知道朱小憨为什么这么问，"小憨，你在说什么呢？我怎么听不懂？"

"别揣着明白装糊涂。"朱小憨说，"当然是我的漫画书好不好看喽。"

"我没看你的漫画书。再说了，你不是不想借给我看吗？"丁小白丈二和尚摸不着头脑。

"所以你就拿了我的漫画书，是吧？"朱小憨气愤地说。

"我没拿你的漫画书。不信的话，你看我的书包里，是不是没有漫画书呀。哦，不不不，你没有资格翻看我的书包，因为这是我的个人隐私。"丁小白捂了捂自己的书包，郑重其事地说。

"你，你不讲道理。"朱小憨本来就觉得丁小白拿了他的漫画书，见丁小白捂了捂自己的书包，越发怀疑这事儿就是丁小白干的。只不过，他也知道自己没有权利翻看丁小白的书包——即便怀疑，也不能翻看。

"你是不是心虚，不敢让我看你的书包？"朱小憨问。

说话间，上课铃响了起来，两个小伙伴不得不安静下来。这一整天，朱小憨都寻思着找机会看看丁小白的书包里究竟有没有他的漫画书，结果一点儿机会也没有。

11. 被诽谤的名誉

眼看快要放学了,朱小憨心里很着急,于是他去找王多智,希望王多智能想到一条万全之策。

"小白不让你看他的书包,你是没有权利翻看的,我也没有好办法。"对此,王多智表示无能为力。

"偷人家漫画书,还不让人家查看。"朱小憨愤愤不平。

"没有真凭实据,最好不要说人家偷你的漫画书。"王多智告诉朱小憨,"因为这有可能涉嫌诽谤他人,侵犯他人的名誉权。我国《民法典》第一千零二十四条规定,民事主体享有名誉权。任何组织或者个人不得以侮辱、诽谤等方式侵害他人的名誉权。名誉是对民事主体的品德、声望、才能、信用等的社会评价……你最好将事情弄明白之后再下定论。"

"他不让我翻看书包,我又怎么能弄清真相?"朱小憨反问道。

"如果丁小白存心偷你的漫画书,一定不会蠢到把漫画书藏在书包里。依我看,他根本就没拿你的漫画书。"王多智分析道。

"也有可能,他把漫画书放在家里呢。"朱小憨不放过任何可疑的线索,"只有再逼问他一下,事情才会弄清楚。要不要发动学生会的力量,给他造造舆论,他迫于压力,就会承认了。"

"你不要轻举妄动。我国《民法典》第一千零二十八条规定,民事主体有证据证明报刊、网络等媒体报道的内容失实,侵害其名誉权的,有权请求该媒体及时采取更正或者删除等必要措施。去年,咱们市一位局长涉嫌受贿,一家媒体报道了这件事。这家媒体在报道时主观推测这位局长受贿是板上钉钉的事实,但是后来查明他是被诬告的。这家媒体还公开道歉了呢。"王多智说,"你最好再等一等,看看事情的发展。"

11. 被诽谤的名誉

"好的,我听你的。"朱小憨忍下一口气,悻悻地回到家。做完功课后,他闲来无事,翻看家里的书柜,没想到在书柜的最下层发现了那本漫画书,"我想起来了,上次我看过它之后,随手把它放在这儿的。"

"对不起,我不该怀疑你。"朱小憨忙不迭地打电话给丁小白,向他道歉。

💡 超强大脑

亲爱的小法迷们:请认真回忆故事中的细节,然后在不回看的情况下,试着回答下列问题。

1. 朱小憨怀疑谁偷了他的漫画书?
2. 朱小憨翻看了丁小白的书包吗?
3. 朱小憨的漫画书最终在哪儿被找到?

🎯 "小法官"训练营

1. 以侮辱、诽谤等方式侵害他人的名誉的,属于侵犯他人什么权利?
2. 遭遇网络报道内容失实的情况,可以怎样维权?

小剧场

早报的新闻

一天，记者朱小憨听传言说某局局长王多智涉嫌贪污被抓。

朱小憨：我得赶在其他媒体之前，早点儿报道这件事。

朱小憨在网上找了一张王多智的照片，配文说王多智被抓，然后在自家运营的微信公众号上发布。

一天后，王多智找朱小憨理论。

王多智：我的问题还没调查清楚呢，你必须撤回这条新闻，并公开道歉。

朱小憨：我怎么又把事情搞砸了！

参考答案

超强大脑

1. 丁小白。

2. 没有。

3. 家里书柜的最下层。

11. 被诽谤的名誉

"小法官"训练营

1. 名誉权。任何组织或者个人不得以侮辱、诽谤等方式侵害他人的名誉权。

2. 民事主体有证据证明报刊、网络等媒体报道的内容失实，侵害其名誉权的，有权请求该媒体及时采取更正或者删除等必要措施。

12.

生态环境应珍爱

樱桃成熟的季节，朱小憨奶奶家的樱桃树上满是红透了的樱桃，远远望去就像一颗颗红宝石。微风一吹，"红宝石"在枝头摇曳，令人垂涎欲滴。

星期天上午，朱小憨和妈妈乘上去奶奶家的公交车，准备摘樱桃、吃樱桃。一路上，朱小憨的脑子里都想着吃樱桃。不知不觉到了奶奶家的村口，朱小憨和妈妈下车向奶奶家走去。

"妈妈，快看那群人围在一起干什么？"没走几步，朱小憨就看到附近的山坡上围聚着一群人。

妈妈正要带朱小憨上前一探究竟，奶奶迎了上来。

"奶奶，家里的樱桃还在吧？"朱小憨的注意力一下子又回到了奶奶家的樱桃上。

"在，在，就等着你们来采摘呢！"奶奶乐呵呵地应着。

"妈，村里的人聚在山坡上干什么？"妈妈问奶奶。

12. 生态环境应珍爱

"说来话长，回家再说吧。"奶奶将朱小憨和妈妈领进屋，"前几天，省环保督察组来检查了。他们查到我们村出了环境污染问题。"

"我们村风景优美，怎么会出环境污染问题呢？"朱小憨问。

"你们有一段时间没回来，不了解情况。听我慢慢说来……省环保督察组的工作人员在我们村的那个山坡上发现了重金属污染物。我听村民们说，这些污染物是采矿场和化工厂运来，趁着夜深人静的时候填埋的。"奶奶把知道的情况告诉了朱小憨母子，"据说，省环保督察组从化工厂和采矿场顺藤摸瓜追查下来，才查到这里。"

"这些重金属污染物填埋在地下，会严重破坏生态环境。这些化工厂和采矿场也太不负责了。这是违法犯罪行为，应该受到法律的制裁。"妈妈义愤填膺。

"是的，必须严惩！"朱小憨也说。

"听说这次村委会主任家也脱不了干系。"奶奶说，"这些污染物是村委会主任的儿子大勇组织车队陆陆续续悄悄运回来填埋的。"

"他是帮凶，也该受惩罚。"朱小憨说。

"我听大家说，大勇要负主要责任，化工厂和采矿场的责任反而小很多，甚至没有责任，好像……"奶奶对事件的经过也不是很了解，只说了她听到的和看到的。这让朱小憨对此越发好奇起来。但因为要摘樱桃，朱小憨和妈妈去了樱桃园，把村里的环境污染问题暂时放到了一边。

可是回城后，朱小憨越想村里的环境污染问题越觉得奇怪："污染物明明是化工厂和采矿场产生的，为什么责任小甚至没有责任呢？大勇究竟做了什么，要承担主要责任？"

"这里面一定有原因，至于什么原因，过些日子应该会明了的。"妈妈工作忙，没当一回事。

"妈妈，我给王多智送些樱桃去。"朱小憨心想王多智成天钻研法律，应该能找到问题的突破口，便找了一个由头，去了王多智家。

朱小憨将事情的经过告诉了王多智，希望王多智能破解谜团。

"先吃点儿樱桃再说。"王多智也不着急，一边吃樱桃，一边翻看《民法典》。不一会儿，他将目光停在了其中一页上。

"老大，找到答案了吗？"朱小憨兴奋地凑过去。

"我国《民法典》第五百零九条第三款规定，当事人在履行合同过程中，应当避免浪费资源、污染环境和破坏生

12. 生态环境应珍爱

态……如果我猜得没错的话,大勇应该是与化工厂和采矿场签订了帮助处理污染物的合同。合同要求他将污染物进行科学处理后再填埋,避免污染环境和破坏生态。可他为了节约资金,铤而走险……"王多智一步一步推理,猜测大勇利欲熏心,触犯了法律,"根据《刑法》第三百三十八条的规定,污染环境罪是指违反国家规定,排放、倾倒或者处置有放射性的废物、含传染病病原体的废物、有毒物质或者其他有害物质,严重污染环境的行为。"

朱小憨觉得王多智的话在理,打电话向奶奶询问情况。

奶奶的回复印证了王多智的猜测。

"你真行！"朱小憨对王多智竖起了大拇指。

"环保问题，是个大问题。其实，我和沈子淳、龚思奇她们也正在追踪一起环保方面的案子。"王多智告诉朱小憨一个"内幕消息"。

"这个案子，我可以加入吗？"朱小憨一下来了精神。

"当然可以。就是跟踪你们小区刘大爷那辆即将报废的新能源汽车电池的处理方式。"王多智和龚思奇、沈子淳已经跟踪了好几天，有些疲惫了。他让朱小憨接着跟踪。

"这事儿就交给我吧！"朱小憨得令，将跟踪刘大爷这事儿提上了日程。很快，他发现刘大爷处理掉了自己的新能源汽车，还将电池交给了一家新能源汽车电池回收中心。

"刘大爷将电池交给了一家新能源汽车电池回收中心。他这样做，应该没问题吧？"朱小憨将看到的情况汇报给王多智。

"我国《民法典》第六百二十五条规定，依照法律、行政法规的规定或者按照当事人的约定，标的物在有效使用年限届满后应予回收的，出卖人负有自行或者委托第三人对标的物予以回收的义务……标的物是指买卖合同中的物品或商品。这说明这家新能源汽车公司做得很好，刘大爷也做得很

12. 生态环境应珍爱

好。"王多智得出结论,"要是我们大家都有这样的环保理念就好了。"

对此,朱小憨深有同感。

💡 超强大脑

亲爱的小法迷们:请认真回忆故事中的细节,然后在不回看的情况下,试着回答下列问题。

1. 朱小憨进村的时候,发现什么地方围聚着一群人?
2. 是谁将污染物填埋在村里的?
3. 此次环境污染事件中,化工厂和采矿场责任大吗?

🎯 "小法官"训练营

1. 我国《民法典》第五百零九条第三款规定,当事人在履行合同过程中,应当注意哪些问题?
2. 我国《民法典》第六百二十五条规定,依照法律、行政法规的规定或者按照当事人的约定,标的物在有效使用年限届满后应予回收的,出卖人负有怎样的义务?

小剧场

电池回收

朱小憨开了一家节能电池厂,生意很火爆。

朱小憨:我发大财了。

负责生态环境工作的王多智视察朱小憨的电池厂。

王多智:你除了生产销售电池,还必须回收电池。

朱小憨不得不设立电池回收部门。

朱小憨:又多了一项任务。

王多智:一切都是为了环保呀!

参考答案

超强大脑

1. 山坡上。

2. 村委会主任的儿子大勇。

3. 不大。因为他们与大勇签订了污染物科学处理的合同。大勇没有按照合同履行职责,负主要责任。

"小法官"训练营

1. 应当避免浪费资源、污染环境和破坏生态。

2. 出卖人负有自行或者委托第三人对标的物予以回收的义务。

13.

一言为定

龚思奇去书店的时候，发现放在衣兜里的三十元钱不见了。这三十元钱是龚思奇帮小姨做家务，小姨奖励给她的。本来，她计划用这钱买一本自己喜欢的书，没想到钱不翼而飞了。

"呜呜呜……我的钱弄丢了。"龚思奇将身上所有的衣兜翻了个底朝天，也没发现那三十元钱。她一想到买不成书，心里就不是滋味，情不自禁地哭了起来。

朱小憨见龚思奇哭得这么伤心，动了恻隐之心，于是说："思奇，别伤心了，我资助你十元怎么样？"

"呜呜呜……"龚思奇并没有止住哭。

"正好我家里还有点儿零花钱，明天我给你二十元吧。"朱小憨又说。龚思奇还是没有止住哭："可是我想买的书需要三十元啊。"

"那就三十元怎么样？你丢了三十元，我补给你三十元。这样，你就相当于没有丢钱了。"朱小憨咬咬牙，说道。

书店

13. 一言为定

"朱小憨,你说话算话,一言为定!"龚思奇破涕为笑,和朱小憨拉了拉钩,两个人高高兴兴回家了。

回家后,朱小憨从存钱罐里拿出三十元钱。可这时,他有点儿舍不得了:"这可是我辛辛苦苦攒的零花钱……况且她丢了钱,凭什么要我补上呢?"

犹豫再三后,朱小憨又把钱放回了存钱罐:"下午的时候,我只是说说而已,可以不当真。"

第二天一早,龚思奇和朱小憨在上学路上相遇了。朱小憨背着书包迎了上去,他加快脚步往学校走去,全然不提前一天的事:"思奇,不早了。我们快点儿去学校吧。"

"小憨,你昨天说的话还算数吗?"龚思奇见朱小憨没有给钱的意思,提醒道。

"昨天说的什么话?"朱小憨故意装糊涂。

"就是三十元钱的事……"龚思奇提醒了一句,希望朱小憨能够想起来。

朱小憨一声不吭,跑得飞快,不一会儿工夫就进了教室。龚思奇只好气嘟嘟地跟在后面。

"你们俩怎么啦?"王多智和沈子淳发现朱小憨和龚思奇有点儿不对劲,于是拦住他们问道。

朱小憨保持沉默,龚思奇则竹筒倒豆子似的将前一天发生的事儿说了出来。末了，她还觉得朱小憨说话不算数，不"一言为定"。

"我当时见你哭得伤心，说说而已。哪知道你会当真呢？"朱小憨反驳道。

"你不守信用，害我空欢喜一场。"龚思奇不依不饶。

"现在的关键问题在于，这个钱，朱小憨到底该不该给。"沈子淳觉得看问题要看到本质，而且最好从法律的角度来看问题。

"我国《民法典》第六百五十八条第一款规定，赠与人在赠与财产的权利转移之前可以撤销赠与……前几天，我们小区发生了一件类似的事儿。张阿姨中奖了，奖品是一台洗衣机。张阿姨见李阿姨家的洗衣机坏了，就许诺把奖品赠送给李阿姨。昨天张阿姨领到奖品后，发现这台洗衣机正是自己中意的款式，舍不得送给李阿姨了，于是撤销了赠与，李阿姨也没说什么。"王多智打着比方说，"思奇，小憨还没有给你钱，这种情况下，他是可以撤销赠与的。"

"这样啊。"龚思奇觉得王多智的话有点儿道理，点点头，打算不再"追究"朱小憨的"责任"。

这时，沈子淳又说话了。

"但我国《民法典》第六百五十八条第二款还规定，经

13. 一言为定

过公证的赠与合同或者依法不得撤销的具有救灾、扶贫、助残等公益、道德义务性质的赠与合同,不适用前款规定……也就是说,有的赠与是不能被撤销的。"沈子淳的话,让大家的心一下又提了起来。

"首先,我和龚思奇之间的赠与并没有经过公证,所以不属于'经过公证的赠与合同',不适用这一条款。"朱小憨抢先说。

"也不知道我丢钱,朱小憨补钱的行为,属不属于'救灾'的情况?"龚思奇斜了朱小憨一眼,突发奇想地问。

"你只不过弄丢了三十元钱,这哪儿是灾难呀?"朱小憨反驳说。

"救灾这种情况是这样的。我还是举个例子吧。去年冬天,我国北方一座城市发生了严重雪灾,一些企业捐款救灾,这就属于依法不得撤销的具有救灾等公益、道德义务性质的赠与合同,慈善企业不会且不得撤销赠与合同。"沈子淳解释说。

"那总该属于'扶贫'的情况吧?"龚思奇又说。

"你丢掉三十元钱,不至于变成贫困户吧?"朱小憨立马反驳。

"扶贫的话,国家是有政策和规定的。一般情况下,会有建档立卡贫困户、一般低保户等。如果有企业决定资助这些贫困户的话,一般都是言出必行的。"王多智列举了好几个例子。

"至于'助残',你更是沾不上边儿。"朱小憨不失时机地说道。

"感觉你们都不想帮我。反正,我就是觉得朱小憨不守信用。"龚思奇被急哭了。

"好吧好吧,我答应给你三十元。"朱小憨见不得人哭,又动了恻隐之心。可话一说出口,他又开始后悔了。一整天,他的心都很忐忑。

"我的钱找到了!原来,我将它随手夹在语文书里了。现在,我不需要你给我钱了。"所幸,放学后龚思奇告诉了朱小憨一个天大的好消息。

"想帮助你,都不给机会呀。"朱小憨违心地说。

"你这是真心的吗?"王多智和沈子淳打趣道。大家哈哈大笑。

超强大脑

亲爱的小法迷们:请认真回忆故事中的细节,然后在不回看的情况下,试着回答下列问题。

13. 一言为定

1. 龚思奇的三十元钱是谁给的?
2. 朱小憨有拿出三十元钱给龚思奇吗?
3. 龚思奇的三十元钱是在哪儿找到的?

"小法官"训练营

1. 赠与人在赠与财产的权利转移之前可以撤销赠与吗?
2. 哪些赠与合同不可以撤销?

小剧场

朱小憨的捐款

某地发生地震,企业家朱小憨承诺给灾区捐款三百万元。

朱小憨:我要捐款三百万元!

第二天,朱小憨就后悔了。

朱小憨:三百万元可不是小数目,我还是不捐了吧。

王多智:经过公证的赠与合同或者依法不得撤销的具有救灾、扶贫、助残等公益、道德义务性质的赠与合同,不能撤销。最主要的是,你应该遵守信用。

朱小憨决定履行自己的承诺,对灾区进行捐款。

> 朱小憨：为了信誉，我捐！
>
> 王多智：这就对喽！

参考答案

超强大脑

1. 她小姨给的。

2. 没有，他舍不得。

3. 语文书里。

"小法官"训练营

1. 可以。

2. 经过公证的赠与合同或者依法不得撤销的具有救灾、扶贫、助残等公益、道德义务性质的赠与合同。

14.
借款的利息

朱小憨的二叔打算扩大自己经营的海鲜店的规模，再开几家分店，急需资金周转，于是向朱小憨的爸爸借钱。

朱小憨的爸爸很支持二叔拓展生意，二话不说就拿出一张十万元的定期存单，提前取出来给二叔送去。

"我一定给你算利息，弥补你的利息损失。"二叔写下欠条的同时，也写下了利息约定——尽管朱小憨的爸爸不在乎利息，他还是坚持表示会归还本金和利息。

朱小憨听说这件事之后，认为二叔挺仗义，更觉得自己的爸爸很大方。同时，他也想起了一年前发生的一件事——

那是去年春天，朱小憨和小伙伴们去植物园参观。龚思奇看中一盆价格五十元的多肉植物，爱不释手，想要购买。但龚思奇摸摸衣兜，发现自己只有十元钱，根本就不够。朱小憨见状，立马挺身而出，掏出四十元钱借给龚思奇。一个月后，龚思奇将钱还给了朱小憨。当时，她压根儿就没提利息这茬儿。

"龚思奇太不够意思了。"朱小憨越想越觉得龚思奇不仗义,"枉我对她慷慨相助。"

"要是龚思奇能给点儿利息,哪怕几元钱也可以。"朱小憨决定旁敲侧击,让龚思奇主动给利息。

"思奇,去年你买的多肉植物,长得怎么样了?"这天下午,朱小憨故意来到龚思奇面前,意味深长地问。

"长得很好,过些天我就要给它分株了。"龚思奇大大咧咧地答道。

"你有没有觉得,应该感谢一下谁呢?"朱小憨指了指自己,又问道。

"感谢谁呢?当然是我喽。要不是我时不时地给它浇水、施肥,恐怕它不会长得这么好。"龚思奇没有明白朱小憨的意思。

"这次,我爸爸借钱给我二叔。二叔竟然主动给利息呢。你有没有想起点儿什么呢?"朱小憨想要将事情"点拨"得更明白,手舞足蹈地说道。

"你二叔真好。可这和我有什么关系呢?"龚思奇仍然大大咧咧的样子。

"唉,给你说不明白。"朱小憨不知道该怎么办了。于是他找到王多智,希望王多智能给他出个主意。

14. 借款的利息

"多智，去年龚思奇借我钱，我没收到利息……"朱小憨巴望着王多智出个高招儿。不料，王多智拿出那本《民法典》翻了翻，然后问："你们当初说利息没？"

朱小憨摇摇头："当时，我压根儿就没想过要利息，也没和龚思奇说这茬儿。"

"那就视为没有利息喽。"王多智指着其中一条规定说道，"我国《民法典》第六百八十条第二款规定，借款合同对支付利息没有约定的，视为没有利息。"

"唉，我又少发了点儿财。"朱小憨一听，挺后悔的，"下次我一定记得这事儿。不管谁来借钱，我都要先说利息。"

接下来的日子里，朱小憨心心念念想着收小伙伴们的利息。可是，很长时间过去了，也没人向他借钱。

"没人借钱的话，我就主动出击。"这天，朱小憨和龚思奇去逛书店，他灵机一动，给龚思奇介绍了一本好看的漫画书。

"买吧，钱不够，我借给你。"朱小憨拍拍自己的胸脯，慷慨大方地说。

"谢谢小憨，那我先和你借一下，等回家拿了压岁钱就还给你。"龚思奇将几本漫画书放在一起，计算了价格，发

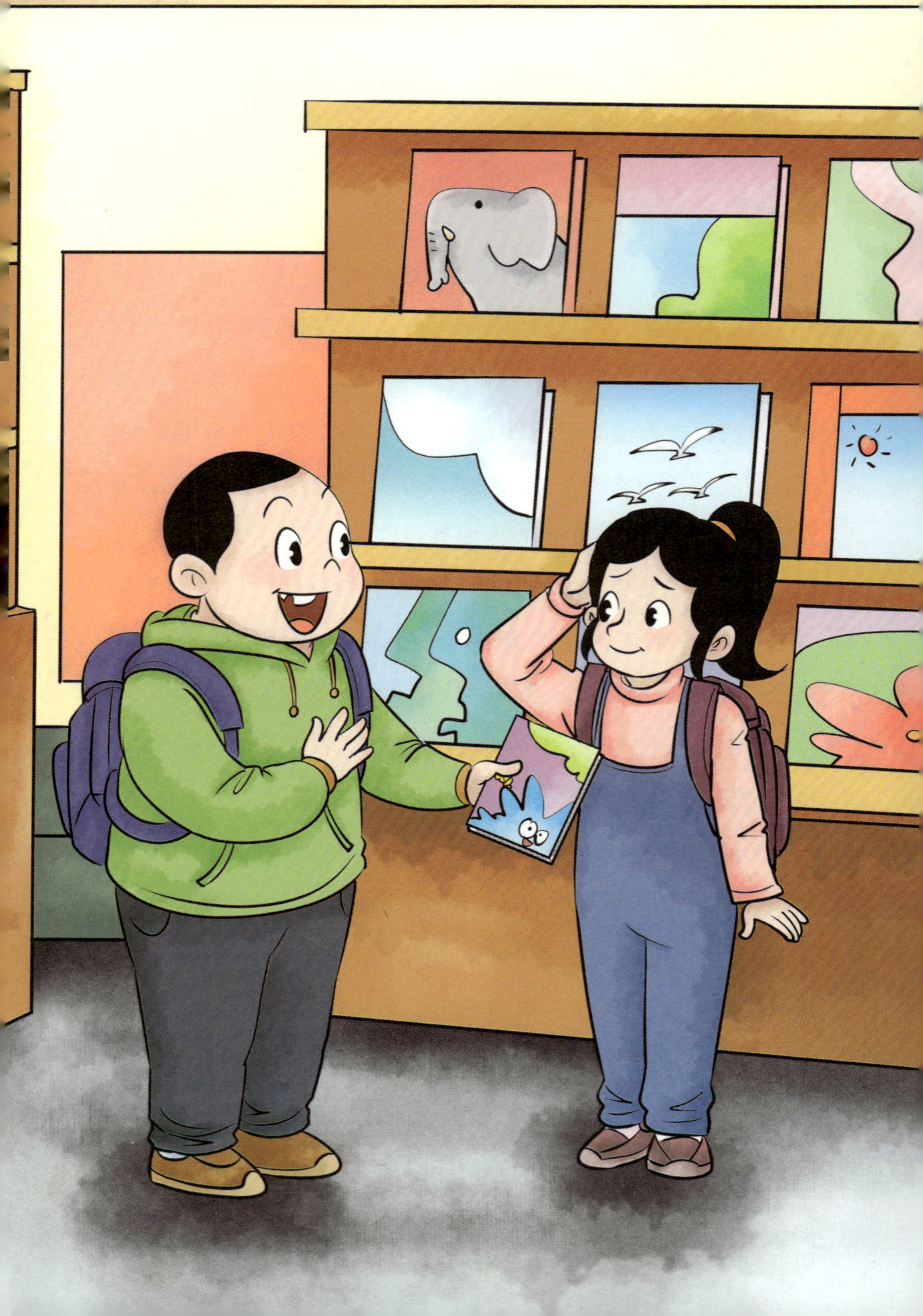

14. 借款的利息

现自己还差五十元钱。

"你打算借多久呢?"朱小憨问。

"几天就可以。"龚思奇说。

"借都借了,干脆借一个月吧。我也好计算利息。按照月利息2%来计算的话,利息就是一元钱。扣除利息,我给你四十九元就可以。"朱小憨生怕龚思奇反悔,打算先扣除利息。

"小憨,我买书还差五十元。你给我四十九元,不够呀。"龚思奇有点儿为难。

"那我借五十一元给你,扣除利息一元,刚好五十元。但是请记住,到时候你要还给我五十一元哟。"朱小憨心里的小算盘快速计算着。

"好吧好吧。"龚思奇为了买到漫画书,也不和朱小憨计较那么多,爽快地答应他。

朱小憨顺利地将钱借给了龚思奇。末了,他还不停地叮嘱龚思奇:"记得不要着急还钱给我。"

龚思奇嘴里答应着,可第二天她就把钱带来了。

"小憨,我还钱给你。"龚思奇拿出五十元钱,要还给朱小憨。

"明明是五十一元,你怎么还五十元?况且,现在也不着急还钱呀。"朱小憨表示自己昨天已经扣除了利息一元。

"有了钱，就得还。"龚思奇硬要将钱还给朱小憨。

"现在还不是还钱的时候。"朱小憨捂住口袋，拒绝了龚思奇的还钱要求。

王多智和沈子淳见朱小憨和龚思奇不停推搡，便走了过来。

"思奇她不守信用……"朱小憨先声夺人，将前一天和龚思奇的"约定"告诉了王多智和沈子淳。

"你事先扣除利息的行为不妥当。"那天，王多智给朱小憨讲了利息的知识后，就猜到朱小憨可能会上演这一出戏，于是又查看了相关的法律，"我国《民法典》第六百七十条规定，借款的利息不得预先在本金中扣除。利息预先在本金中扣除的，应当按照实际借款数额返还借款并计算利息。"

"所以，龚思奇还给你五十元是正确的——一夜之间，难道你还想收利息吗？"沈子淳笑着说。

"好吧好吧！我觉得自己好像又失算了。"朱小憨收下龚思奇还的钱，摸摸自己的脑瓜儿，懊恼地说。

14. 借款的利息

💡 超强大脑

亲爱的小法迷们：请认真回忆故事中的细节，然后在不回看的情况下，试着回答下列问题。

1. 朱小憨的爸爸借了多少钱给朱小憨的二叔？
2. 朱小憨借给龚思奇多少钱买多肉植物？
3. 朱小憨借给龚思奇买漫画书的钱最终收利息了吗？

🎯 "小法官"训练营

1. 借款的利息能不能预先在本金中扣除？利息预先在本金中扣除的，应当按照什么标准返还借款并计算利息？
2. 借款合同对支付利息没有约定的，利息怎么计算？

小剧场

朱小憨的高利贷

龚思奇向朱小憨借钱。

龚思奇：小憨，最近我要投资一个项目，急需十万元。你能借给我吗？

朱小憨眼珠一转，提高了利息。

朱小憨：可以，但是利息得40%。

> 龚思奇走投无路，只得借了朱小憨的钱。
>
> 龚思奇：我借！
>
> 朱小憨：签字盖章吧！
>
> 还款的时候，龚思奇带上了公司法务王多智。
>
> 王多智：国家禁止高利放贷，借款的利率不得违反国家有关规定，超出的部分我们不会给。
>
> 朱小憨不得不依法办事。
>
> 朱小憨：没想到骗不了你们。

参考答案

超强大脑

1. 十万元。

2. 四十元。

3. 没有。

"小法官"训练营

1. 不能。利息预先在本金中扣除的，应当按照实际借款数额返还借款并计算利息。

2. 借款合同对支付利息没有约定的，视为没有利息。

15.

座位不能抢

放学后，朱小憨和龚思奇在街上闲逛了一会儿后，决定去图书馆看书。他们选好了自己想看的书，准备找个座位坐下来慢慢看。这时候，他们发现图书馆的人很多，座位都坐满了，根本就没有位置。

为了看完想看的书，朱小憨不得不和龚思奇倚靠在书架旁，不舒服不说，时间久了还很累。

"小憨，我们明天来早一点儿，可能就会有座位了。"龚思奇觉得没有座位的原因是他们没能在放学后立即去图书馆。

"明天放学后，我们立马来图书馆。"朱小憨深有同感，赞同了龚思奇的提议。

第二天一放学，朱小憨和龚思奇就去了图书馆。很不巧，图书馆的人还是很多。找了一会儿，龚思奇和朱小憨发现窗边有两个座位是空着的。

"小憨，我们快点儿去占座吧！"龚思奇生怕座位没了，赶紧拉着朱小憨往空座位前凑。

"这是我们的座位。"不料，一个小男孩站在座位旁，不让龚思奇和朱小憨入座。

"小不点儿，快让开。"朱小憨示意小男孩让开，小男孩指了指朱小憨身后，"这两个座位是我和哥哥的。"

"对，这两个座位是我们的。刚才我去取书，让弟弟帮我占座位。我们先到，按照先到先坐的原则，座位应该是我们的。你们不会是想抢我们的座位吧？"不知什么时候，朱小憨身后冒出一个大哥哥，他一字一顿地说。

"不是不是，我们只是想来看看这里有没有空座位。你请坐！"朱小憨看了看那个大哥哥，觉得自己根本就不是他的对手，他拉着龚思奇离开，"我们去别处找座位吧。"

很遗憾，他们一连找了好几个空座位都已经被别人"占领"了。

"这些人就是见图书馆人多，才占座位的。"龚思奇明白过来，"明天我们也提前来占座位。"

这天正好是周末。一大早，朱小憨和龚思奇就坐上了去图书馆的公交车。很幸运，图书馆并没有多少人。龚思奇和朱小憨找到一个靠窗的好位置。他们拿了心仪的书，美美地看起来。

15. 座位不能抢

"小憨,你们在哪里?"途中,王多智打来电话,他也想来图书馆看书。

"快来,我们给你占个座位。"朱小憨看了看图书馆,发现人已经逐渐多了,座位应该马上就要紧张起来,于是果断把书包放在一个空座位上——那是他替王多智占的座位。

不一会儿,一个小姐姐来到那个座位前。她望了望四周,发现那个座位上只有一个书包,并没有人,于是将书包往一旁挪了挪,想要坐下来。

"小姐姐,这个座位你不能坐。"朱小憨一见连忙阻拦。

"这儿没人,我为什么不能坐?"小姐姐说。

"这个座位已经被我占了。它的主人马上就到。看!他已经来啦。"朱小憨望了望门口,恰好,王多智来了。

"他是后来的,这个座位是我的。"小姐姐不依不饶。

"这个座位是我先占的,应该归我。"朱小憨不依不饶地说道。

"吵什么呢?"王多智走过来。

"老大,这个座位是你的,她坐了你的座位。"朱小憨将嘴巴贴近王多智耳边,悄声说道,"我先放了书包在座位上,占了这个座位。可是,她偏偏说她先来……"

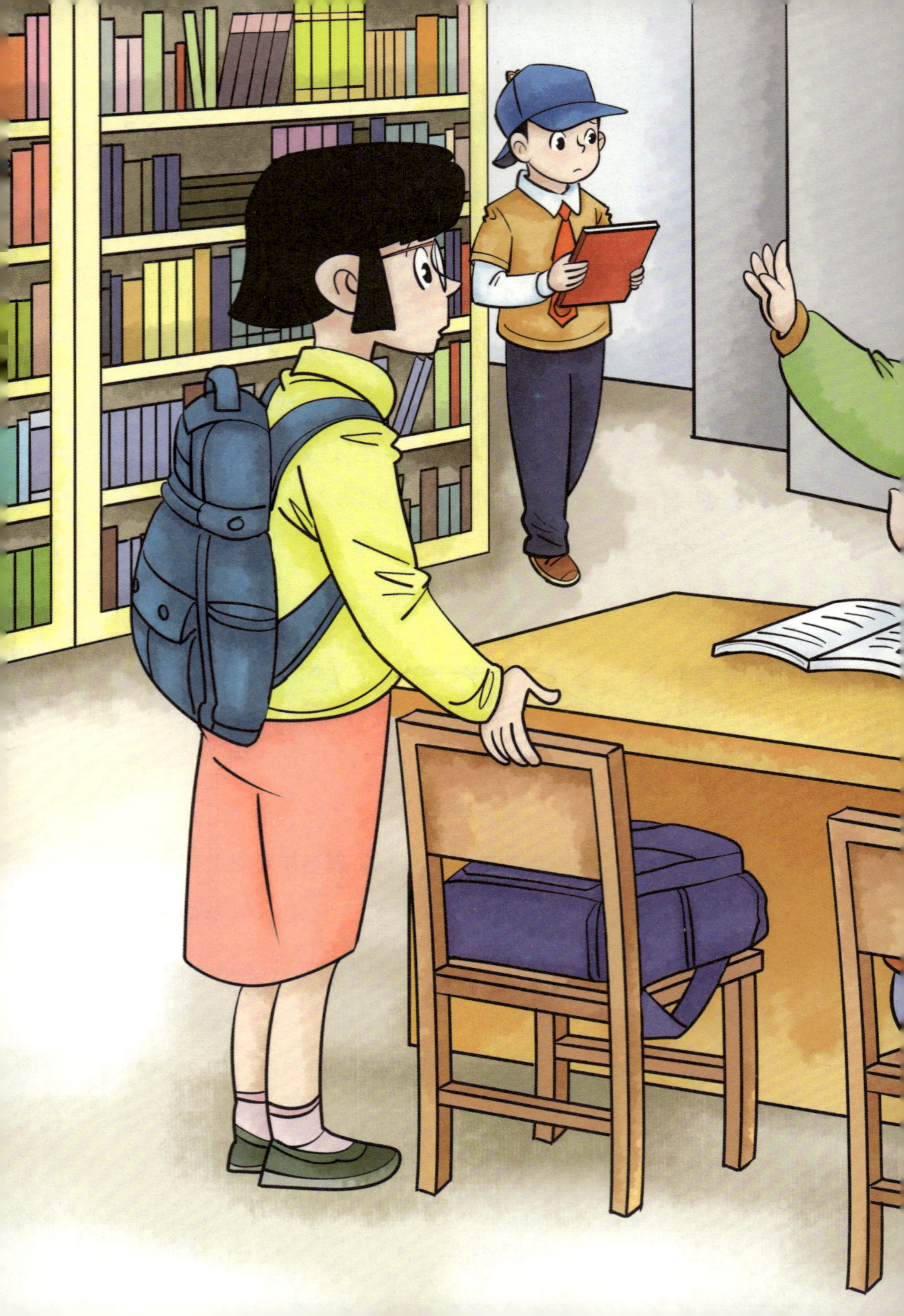

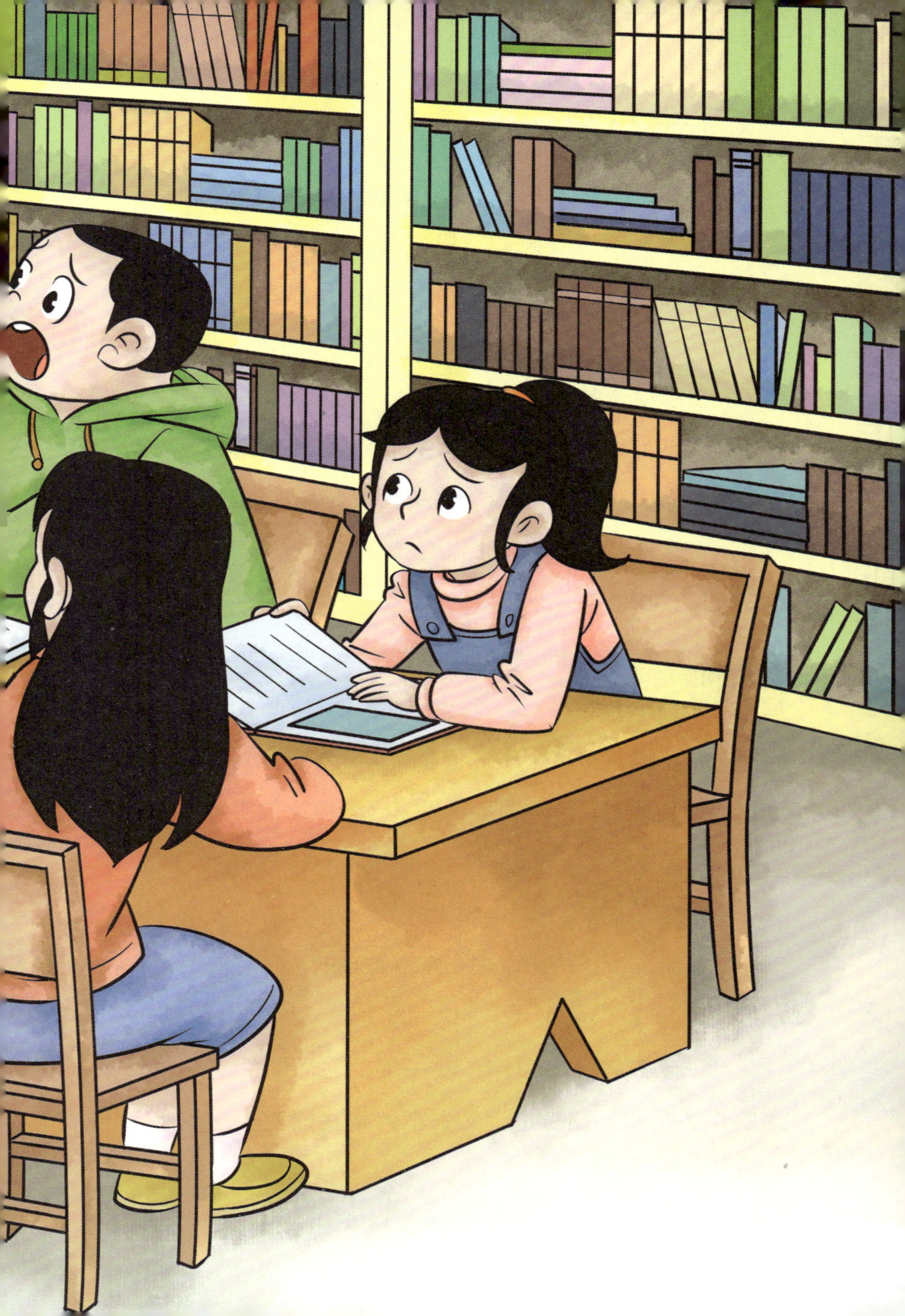

"座位让给小姐姐吧！是她先来的。按照先后顺序入座，也算是一种公平吧。"王多智大方地说，"先来先得呀！去餐馆吃饭、商场购物等很多活动，都要遵循先来先得原则。"

朱小憨和龚思奇见王多智退了一步，也不好再说什么。这一次，他们记住了先来先得原则。所以接下来的日子里，他们做任何事都积极争先，生怕落后失去机会。

岂料，这套规则却并非到处都行得通。不久之后，朱小憨就因此"吃了亏"。

那天，朱小憨和妈妈一起乘火车去邻市游玩。上火车之后，朱小憨跟着妈妈坐到了一个座位上。之后，妈妈去了洗手间。朱小憨觉得这个座位不靠窗，看不到窗外的风景，感到很遗憾。此时，他发现不远处有一个靠窗的座位空着，于是坐到了那个座位上。

他刚坐下，就有一位阿姨走来了。

"小朋友，让一让，这个座位是我的。"阿姨彬彬有礼地说。

"按照先来先得原则，我先来，这个座位就是我的。阿姨你去坐别的座位吧。"朱小憨霸在位置上，理直气壮地说。

15. 座位不能抢

"但这个座位就是我的。"那位阿姨拿出车票,上面清楚地标注着她乘坐火车的时间、车次和座位号。

"小朋友,你也应该坐回你自己的座位上。你看看车票……你是不是没有买票?旅客无票乘坐、超程乘坐、越级乘坐或者持不符合减价条件的优惠客票乘坐的,应当补交票款,承运人可以按照规定加收票款。"阿姨见朱小憨迟迟没有拿出车票,诧异地问。

"小憨,这是阿姨的座位,你快回自己的座位来。"这时,妈妈从洗手间出来了,她赶紧叫住朱小憨。

"不是说先到先坐吗?"朱小憨虽然跟着妈妈回了自己的座位,但心里有许多疑问。

"我国《民法典》第八百一十五条第一款规定,旅客应当按照有效客票记载的时间、班次和座位号乘坐……霸坐违法,不能霸坐哦。"妈妈解开了朱小憨心里的谜团。

超强大脑

亲爱的小法迷们:请认真回忆故事中的细节,然后在不回看的情况下,试着回答下列问题。

1. 第几天,朱小憨和龚思奇坐到了图书馆的座位?
2. 王多智坐了小姐姐的座位吗?

3. 火车上，朱小憨是自己主动离开那个靠窗座位的吗？

◎ "小法官"训练营

1. 乘车时，旅客应当按照什么规则乘坐？

2. 旅客无票乘坐、超程乘坐、越级乘坐或者持不符合减价条件的优惠客票乘坐的，应当怎样补救？

小剧场

多坐一程

售票厅，朱小憨购买火车票。

朱小憨：那么多人坐车。我悄悄少买一程票，应该没人发现吧？

检票口，朱小憨凭票乘车。

朱小憨：我有票。

朱小憨到了车票上的站点，没有下车。

朱小憨：嘻嘻，谁也没发现我多坐一程。

乘务员让朱小憨补票。

乘务员：你多坐了一程，补票吧。

朱小憨：这么多人，还是注意到我了……

15. 座位不能抢

参考答案

超强大脑

1. 第三天。

2. 没有。

3. 不是。

"小法官"训练营

1. 旅客应当按照有效客票记载的时间、班次和座位号乘坐。

2. 旅客无票乘坐、超程乘坐、越级乘坐或者持不符合减价条件的优惠客票乘坐的，应当补交票款，承运人可以按照规定加收票款。

16.
不爱说话的新同学

学期中，班里转来一个新同学小蕊。小蕊长得斯文又瘦弱，平时不爱说话，下课时也不和同学们玩，总是一个人不声不响地坐在座位上，看上去有些可怜。

龚思奇觉得小蕊刚来，还不适应新环境里的学习和生活，打算帮助她度过适应期，于是想方设法接近她。

这天下课后，龚思奇特地来到小蕊面前，友好地邀请她和大家一起玩。小蕊看了一眼龚思奇，摇摇头，还是不吭声。

"别不好意思，大家一起去操场玩吧。"龚思奇想拉小蕊一起玩，但小蕊往后躲了躲，不再搭理龚思奇。龚思奇自讨没趣，只好和沈子淳去了操场。

"小蕊可能还没适应，慢慢来。"沈子淳劝龚思奇万事不要着急。龚思奇点点头，觉得自己刚才可能真的有些操之过急："看来，这事儿还得从长计议呀。"

几天后，龚思奇的妈妈答应给她买一件新衣服。"我先

16. 不爱说话的新同学

和她逛逛街，多走走，或许她就能和大家打成一片了。"龚思奇寻思邀上小蕊一起去逛街，于是在第二天课间时向小蕊发起了邀请。没想到小蕊还是摇摇头，不愿意去。

"……子淳，你看小蕊一点儿也不领情。"龚思奇有点儿生气，将自己的"遭遇"告诉了沈子淳。

"小蕊不爱说话，不爱搭理人，一定有原因。"细心的沈子淳想了想，认为只有找到小蕊不爱搭理人的根本原因，才能解决问题。

"你有没有发现她和别的同学有点儿不一样？"龚思奇一听，立马来劲儿了。

"我暂时没发现她有什么不一样。只要我们密切关注她，就一定能找到问题的突破口。"沈子淳信心十足地说。

"一言为定！"龚思奇和沈子淳达成了共识。接下来的几天里，两个人时刻关注起小蕊的情况来。渐渐地，她们发现小蕊上课很专注，是一个爱学习的孩子。除此之外，她们还发现小蕊下课后会拿出一个小本本，在上面写写画画。

"她究竟在写什么呢？"龚思奇对此很好奇，恨不得从小蕊手里抢过小本本一探究竟。当然，这是不可能的。小蕊的保密工作做得可好了，但凡龚思奇从她身旁走过，她就会捂住自己的小本本，龚思奇瞟上一眼的机会也没有。

"小蕊的秘密,就在她那个小本本里面。"为此,龚思奇更加坚定了小本本里有秘密的想法,总想找机会看一下。很遗憾,一连几天她都没有找到机会。

不过一个星期之后的一天早上,龚思奇和沈子淳对小蕊的探究有了重大突破。那天早上,她们看到小蕊不声不响地向初中部走去。在那里,悄悄跟踪的龚思奇和沈子淳发现小蕊找到一个高个子男生,给了他一张纸。

"天哪,小蕊莫不是早恋了?那张纸莫非就是传说中的情书。她给那个男生写了情书?"龚思奇将小蕊这些日子来的"反常"联系起来,得出了一个"结论"。

"嘘嘘,这话可不能乱说。"沈子淳捂住龚思奇的嘴,悄声说,"不过,你猜的也有可能。那张纸或许就是证据……可是,我们拿不到那张纸呀!"

"跟上小蕊,她一定会露出破绽的。"沈子淳拉着龚思奇,继续跟踪小蕊回到了教室。

整个上午,沈子淳和龚思奇的脑海里全是小蕊早恋的疑团。正当她们寻思着要不要将这一重大发现告诉班主任方老师的时候,方老师竟然叫小蕊去她的办公室一趟。

"难道小蕊的事情暴露了?"龚思奇悄声问沈子淳。沈子淳点点头,又摇摇头,说:"不一定吧,也许有可能……"

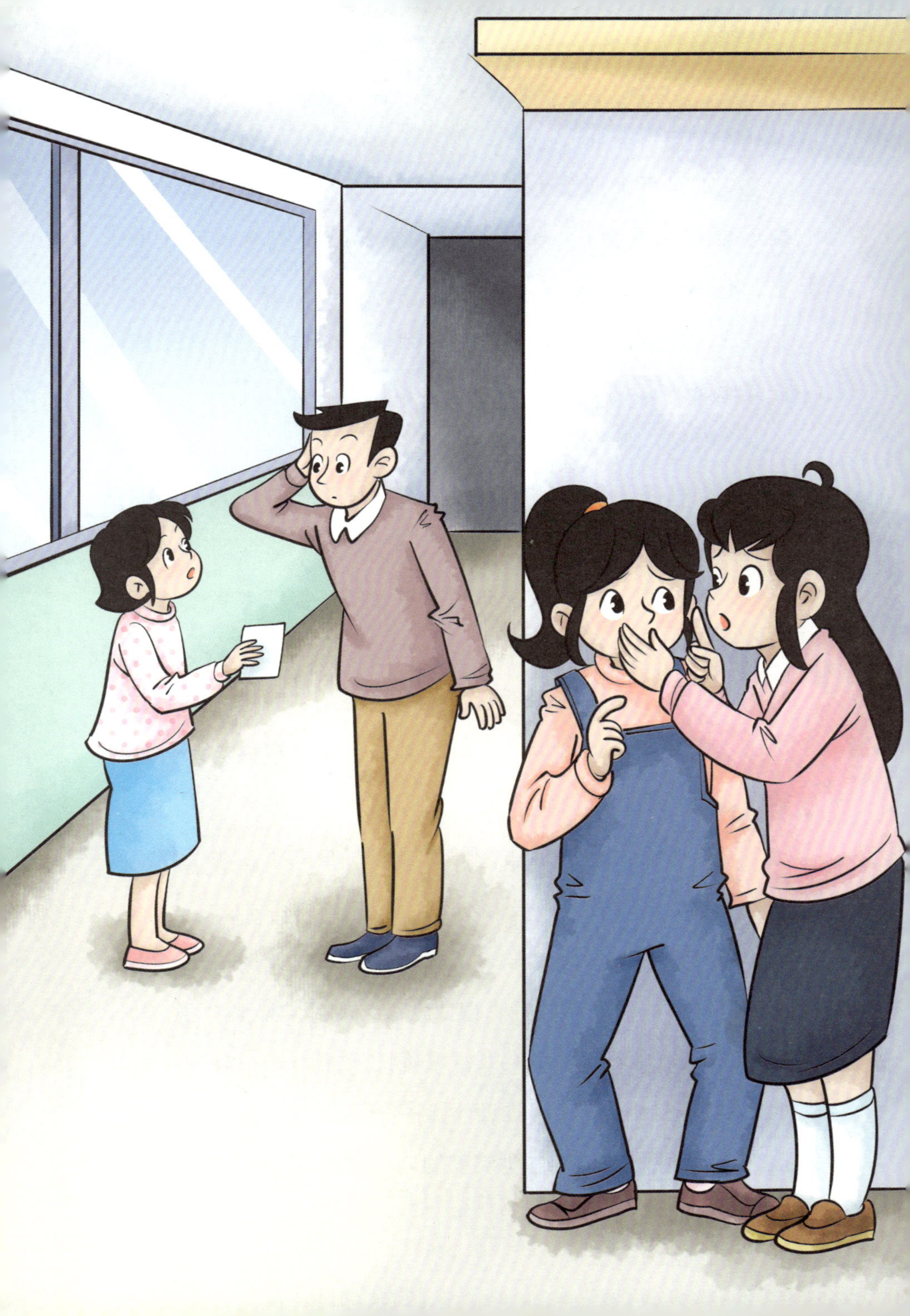

"她没带上那个小本本。或许那是她的早恋日记。我们要不要拿来看看？"龚思奇看到小蕊的小本本就放在桌子上，心里很好奇。

"这好像涉及别人的隐私，我们不能偷看。"沈子淳叫住龚思奇。

"隐私？"龚思奇坐回座位上。

"隐私是自然人的私人生活安宁和不愿为他人知晓的私密空间、私密活动、私密信息。我国《民法典》第一千零三十二条规定，自然人享有隐私权。任何组织或者个人不得以刺探、侵扰、泄露、公开等方式侵害他人的隐私权。上次她捂住那个小本本不给你看，足以说明她不想被人知道她写了什么。"沈子淳说，"不管怎么样，她的事情老师会处理的。我们就不要再打听了。"

"难道就这样算了吗？"龚思奇有些失望。沈子淳点点头："我也很好奇，但是没办法。"

龚思奇虽然表面上答应了沈子淳的建议，但心里对小蕊更加好奇了，所幸这种好奇很快就被方老师"破解"了。

"小蕊的父母是残疾人，家庭比较困难……我们学校特地为他们兄妹申请了困难助学金……小蕊是个自尊心很强的孩子，她生怕大家知道她家里的情况后瞧不起她……所以这

16. 不爱说话的新同学

些日子以来，她不爱说话，也不搭理人。其实她心里藏着很多事。我已经找她谈过心了，希望能解除她的心结。今后，你们作为班委要多关心她。"下午放学后，方老师把龚思奇和沈子淳叫去办公室，说了小蕊的情况。

"原来，今天早上小蕊是给她哥哥送困难助学金申请表呀。我差点儿误会她了。之前我也不够注意她的感受。今后我们要多多关怀她。"龚思奇说。

"而且，我们还要替她保守秘密。"沈子淳补充道。

超强大脑

亲爱的小法迷们：请认真回忆故事中的细节，然后在不回看的情况下，试着回答下列问题。

1. 龚思奇看到小蕊的小本本上写的内容了吗？
2. 班主任方老师找小蕊谈心了吗？
3. 初中部的高个子男生是谁？

"小法官"训练营

1. 熟人以刺探、侵扰、泄露、公开等方式侵害他人的隐私权，合法吗？
2. 隐私是什么？

小剧场

朱小憨的"隐私"

朱小憨没能按时完成家庭作业。

朱小憨：只要我不说，别人就不知道。

清晨，组长王多智收家庭作业本，小憨迟迟不交。

王多智：小憨，交作业了。

朱小憨：我不想交。

组长王多智要检查朱小憨的作业是否完成。

王多智：小憨，你该不会没有完成作业吧？拿来我看看！

朱小憨：作业有没有完成，是我的隐私。你无权管我。

王多智：作业不算隐私，拿来我看看吧。哎呀，你真的没完成作业……

朱小憨：唉，又搞砸了。

16. 不爱说话的新同学

参考答案

超强大脑

1. 没有。

2. 谈心了。

3. 小蕊的哥哥。

"小法官"训练营

1. 自然人享有隐私权。任何组织或者个人不得以刺探、侵扰、泄露、公开等方式侵害他人的隐私权。

2. 隐私是自然人的私人生活安宁和不愿为他人知晓的私密空间、私密活动、私密信息。

17.

吹牛皮惹官司

丁小白从老家带了一些桃子给朱小憨和龚思奇。桃子吃起来酸甜可口，赢得了朱小憨和龚思奇的好一番赞美。

"我家有十亩桃林呢，明年再请你们吃个够。"丁小白被朱小憨和龚思奇夸赞得有些飘飘然，吹起牛皮来。

"你家真的有十亩桃林吗？"朱小憨不信丁小白的话，追问道。

"当……当然有。我丁小白什么时候骗过人啊？"丁小白心想，反正朱小憨和龚思奇也不会亲自去查看，于是语气坚定地说。

"如果你家有十亩地，我二叔家就有二十亩地！"朱小憨听说二叔最近在郊区承包了土地。

"小白，你家真有那么多地吗？"龚思奇还是不相信。

"当然了！"丁小白觉得如果老老实实承认自己家其实只有几棵桃树，会很没面子，便硬着头皮说。

"你就吹牛吧！"龚思奇非常认真地说，"吹牛可是要

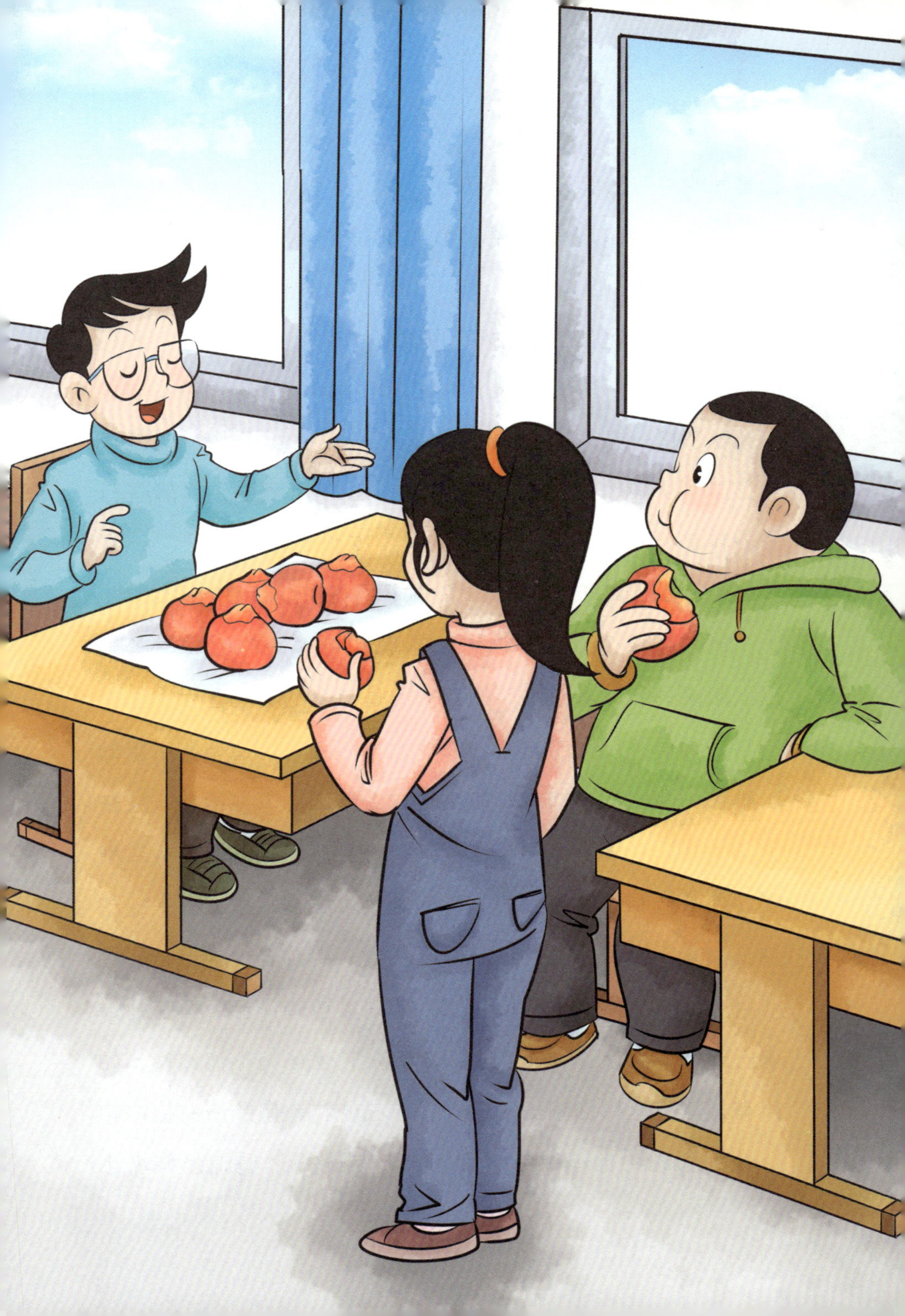

惹官司的。现在承认还来得及。"

"其实，是我家老屋后有几棵桃树。"丁小白见好就收，说了实话。

"没想到你胆子这么小，被思奇一吓唬就怕了。"朱小憨瞥了丁小白一眼，"吹个牛皮，怎么可能惹官司呢？你也不动脑子想一想。"

"吹牛皮真的会惹官司。"龚思奇强调说，"前些日子，我家小区一个老爷爷就因为吹牛皮摊上事儿了。"

"怎么回事？说来听听。"朱小憨好奇地看着龚思奇。

龚思奇看了看丁小白和朱小憨，将事情的原委说了出来。原来，龚思奇家小区的刘爷爷是有名的糖画艺术家。糖画是一种传统民间手工艺，以糖为材料来进行造型，所用的工具仅一勺一铲，糖料一般是红、白糖加上少许饴糖，放在炉子上用文火熬制，熬到可以牵丝时就可以用来浇铸造型了。刘爷爷制作的糖画图案精美、技术高超，很难有人能超越。一天，刘爷爷受邀录制市电视台一档知名电视节目，在节目中展示了一幅"八仙过海"的精美糖画作品。在获得大家一致好评之后，刘爷爷有些飘飘然，当场夸下海口说，如果有人能将这幅糖画仿制出来，自己就将家里的所有房产和存款都赠送给他……没想到两个月后，一位糖画爱好者小

17. 吹牛皮惹官司

李通过摸索，成功仿制出一幅能与之媲美的"八仙过海"糖画。

"那又怎么样？"朱小憨和丁小白屏住呼吸，要问个究竟。

"当然是小李把糖画展示给刘爷爷看，并且要求他兑现节目中的悬赏承诺喽。"龚思奇接着说，"刘爷爷迟迟没有答复小李，于是小李将刘爷爷诉至法院，要求他向自己交付房产和存款。"

"刘爷爷吹牛皮，应该不算数吧。"丁小白说。

"对呀，口说无凭。小李怎么可以把刘爷爷告上法庭，太不讲理了。"朱小憨附和道。

"后来，我听王多智说，我国《民法典》第四百九十九条规定，悬赏人以公开方式声明对完成特定行为的人支付报酬的，完成该行为的人可以请求其支付……所以，人家小李是有理有据的。"龚思奇将这事儿告诉了王多智，王多智给她讲解了这背后的法律依据。

"没想到吹牛皮还真的会惹官司。事情后来怎么样了呢？"丁小白庆幸自己刚才没有继续吹牛皮。

"据说下周开庭。"龚思奇也在等结果。

"下周见分晓。你希望谁赢官司？"丁小白问朱小憨。

"一方面，我觉得刘爷爷不该吹牛皮，应该判他输。另一方面，我觉得小李为了玩笑话就想要刘爷爷的所有财产，太不厚道了，应该判小李输……"朱小憨立场一点儿也不坚定。

"我希望刘爷爷赢，因为吹个牛皮不至于赔上所有财产。"丁小白说。

"再等等看，庭审那天我妈妈会去旁听，一有消息我就告诉你们。"龚思奇认为丁小白和朱小憨的想法都不靠谱，还不如等待法院的判决。

在期盼中，一周过去了。这天放学后，龚思奇将朱小憨和丁小白叫到一块儿，告诉他们庭审的结果："刘爷爷和小李都赢了官司。"

"我就说吹牛皮可以不负责吧。"丁小白一副先知先觉的样子。

"双赢是什么意思？"朱小憨想弄清其中的道理。

"合同是以双方当事人的意思表示而缔结的，根据我国《民法典》第一百四十三条的规定，有效合同的意思表示必须真实。所谓意思表示，就是说刘爷爷对外发出希望有人能够仿制自己作品并给予财产的表示。不过，刘爷爷吹牛皮的行为更多是一种夸张的炫耀，并没有与他人订立合同的内心

17. 吹牛皮惹官司

真意,法律上一般叫作'戏谑行为'。换言之,刘爷爷和小李之间并未成立悬赏合同。"龚思奇把从妈妈那里听来的理论说了个清清楚楚。

"你不是说双赢吗?我怎么觉得小李有点儿吃亏呢。"朱小憨为小李感到惋惜。

"虽然双方之间不存在合同,但并不意味着小李为此付出的时间和金钱无法获得任何法律保护。根据《民法典》第一百五十七条的规定,民事法律行为无效、被撤销或者确定不发生效力后,有过错的一方应当赔偿对方由此所受到的损失。因为刘爷爷在电视节目中吹牛皮,很容易使人产生误解,而且小李为了仿制糖画耗费了大量的时间和金钱,因此小李可以请求刘爷爷赔偿其因合理信赖而产生的损失。"龚思奇说。

"这样也好。不过,我们还是要实事求是,最好不要吹牛皮。"朱小憨总结道,丁小白也点头认可。

💡超强大脑

亲爱的小法迷们:请认真回忆故事中的细节,然后在不回看的情况下,试着回答下列问题。

1. 丁小白家真的有十亩地吗?

2. 刘爷爷是一位画家吗？

3. 小李得到刘爷爷承诺的房产和存款了吗？

"小法官"训练营

1. 悬赏人以公开方式声明对完成特定行为的人支付报酬的，完成该行为的人是否可以请求其支付报酬？

2. 行为人吹牛皮许下的诺言是否构成有效的民事法律行为？

小剧场

"手板心煎鱼"

朱小憨给王多智许下承诺。

朱小憨：你要是能搬起这一大筐书，我就"手板心煎鱼"给你吃。

王多智使劲儿搬动那一筐书。那筐书纹丝不动。

王多智：嗨哟，嗨哟……

王多智再一用力，竟然将那筐书搬起来了。

王多智：小憨，快点儿"手板心煎鱼"给我吃。

朱小憨：怎么能这样？唉，我又失算了。

王多智：哈哈哈！

17. 吹牛皮惹官司

参考答案

超强大脑

1. 假的。

2. 不是。他是一位糖画艺术家。

3. 没有。

"小法官"训练营

1. 可以。

2. 不是。因为这不是行为人的真实意思表示。只有具备"意思表示真实"条件的民事法律行为才有效。

18. 赊账的销售商

朱小憨二叔的生意越做越大，一连开了好几家海鲜店后，又在郊区承包了一大片土地种草莓。

到了草莓收获的季节，当然少不了朱小憨带着小伙伴们去"捧场"摘草莓。其实，小伙伴们主要是去玩的，摘几个草莓，然后就坐在一旁吃起草莓来。辛苦的是草莓园的工人，他们一筐一筐地摘呀摘，像不知道累似的。一天下来，工人们摘下的草莓堆满了一车又一车。不过不用担心草莓会堆积或者烂掉，因为来草莓园批发草莓的经销商络绎不绝，草莓根本供不应求。

"二叔，你这一天下来，进账可不少呀。"朱小憨看着经销商们开车拉走一车车草莓，羡慕地问二叔。

"这些经销商都是小老板，资金不充裕，多数是赊账。"二叔说这话的时候，显得有些无奈，"按照行业惯例，他们把草莓卖出去之后，才会把钱补上。"

"要是他们不按时补钱，你可怎么办？"朱小憨有点儿

18. 赊账的销售商

不放心。

"我事先和他们签了合同,应该有保障吧。"二叔有些犹豫,但又觉得没问题。

朱小憨听二叔这么说,也就没再担心了。过了收获草莓的季节,二叔将工作重心放在了海鲜店上。自然而然,朱小憨去海鲜店的时候多了起来。

这天放学后,朱小憨又去了二叔的海鲜店玩。他发现二叔一副眉头紧锁、心事重重的样子。

"二叔,你怎么啦?"朱小憨关切地问。

"草莓收获的季节过去很久了,很多经销商结清了草莓款。可还有一个老罗始终没有露面。他是我们草莓园最大的经销商,欠款算起来也有二十多万元。也不知道他是怎么一回事……"二叔说。

"想知道他是怎么一回事,问问不就清楚了吗?"朱小憨不以为意地说。

"既然他不守信用,我也不必顾及情面了。"二叔不再纠结,果断拨打了经销商老罗的电话。不料,电话那头提示对方已关机。

紧接着,二叔又通过微信、QQ 等方式联系老罗,但对方还是没有回应。一丝不祥的预感袭上二叔的心头:"难不成

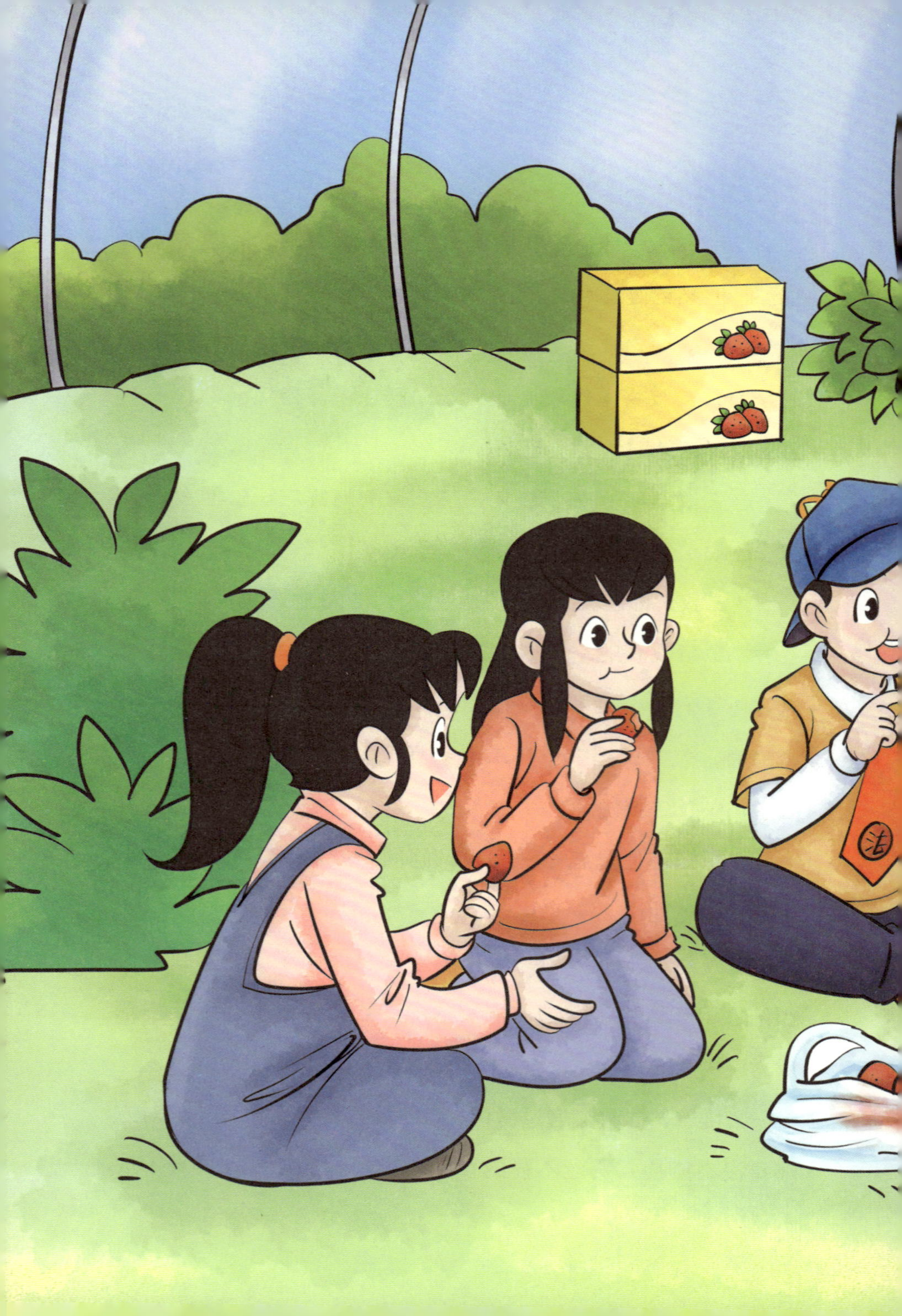

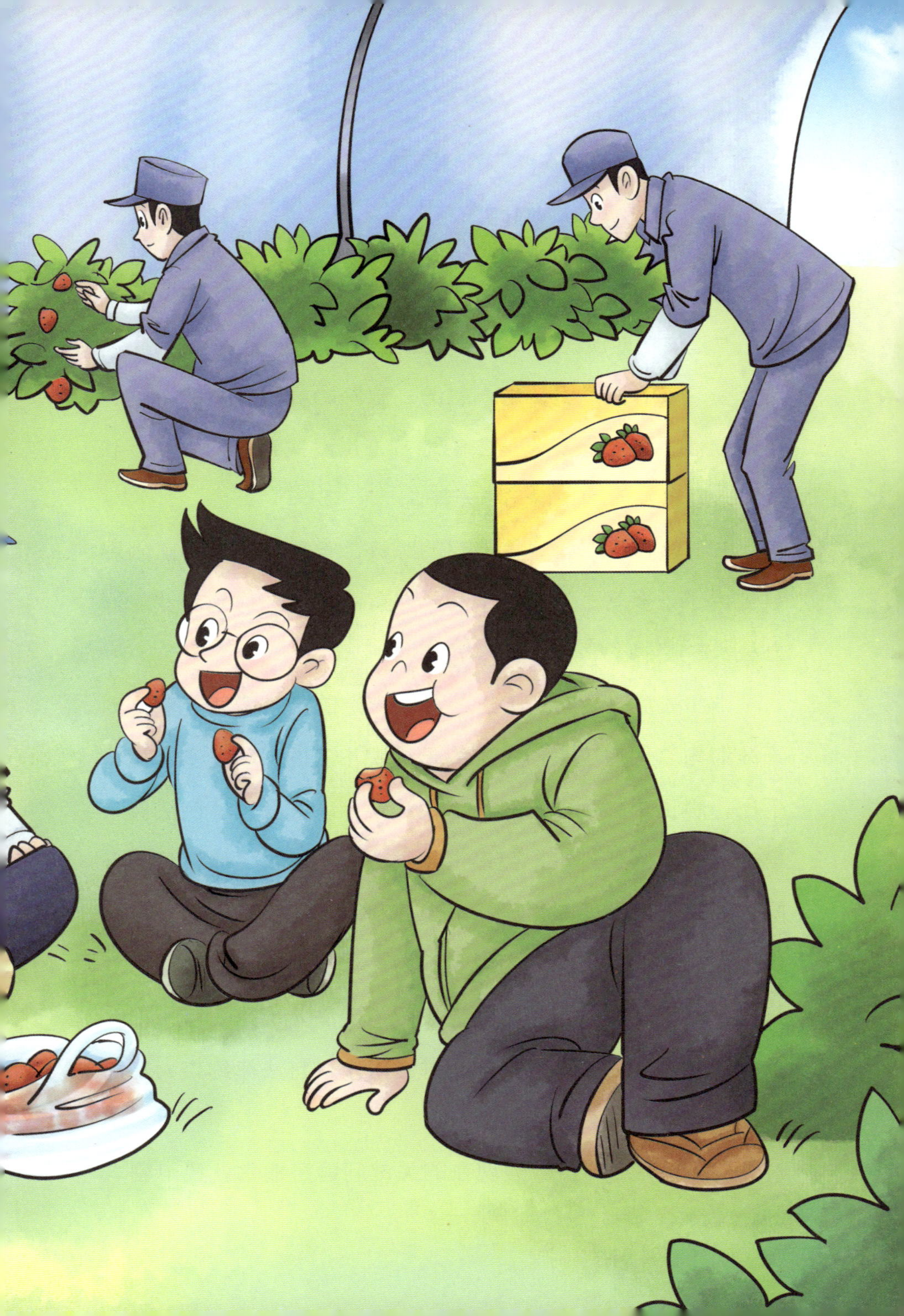

老罗出什么事了?"

"不会那么巧吧?"朱小憨安慰二叔说,"不过,我们得打听一下他的下落。"

"是该找他谈谈了。"二叔点点头。

接下来的日子里,朱小憨的二叔开始寻找老罗的下落。可是,他找遍了老罗可能去的地方,也没找到他的踪迹。老罗像人间蒸发般消失得无影无踪。

朱小憨想帮二叔寻找老罗的踪迹,于是将事情的前因后果告诉了王多智:"……多智,你有没有什么找到老罗的好办法?"

"办法暂时没有。不过,可以肯定的是,即便老罗跑到天涯海角,他的这笔债务始终是逃脱不了的。"王多智托着下巴,想了想之后,翻开了《民法典》,"我国《民法典》第一百一十八条规定,民事主体依法享有债权。债权是因合同、侵权行为、无因管理、不当得利以及法律的其他规定,权利人请求特定义务人为或者不为一定行为的权利……你二叔事先就和老罗签订了合同,按照《民法典》第一百一十九条的规定,依法成立的合同,对当事人具有法律约束力。赊账当然不能逃脱还款的责任。"

"我知道这一点。但现在的关键问题是根本就找不到老

18. 赊账的销售商

罗这个人，二叔向谁要账呢？"朱小憨心急火燎地说。

"他藏得了一时，却藏不了一世。他迟早会出现的。"王多智比较乐观。

事情正如王多智所料，不久之后，老罗真的出现了。不过，不是二叔找到了他，而是他主动找上二叔的。当时，朱小憨和王多智也在。

"老罗，我的草莓款，你是不是该给我结清了啊。"二叔一看到老罗，就希望老罗尽快结清赊账的草莓款。

"老朱，别提了，我把这批草莓运到外地去销售，结果行情不好，亏损了一大笔钱。"老罗一副愁眉苦脸的样子，他说出了这些日子自己的煎熬。原来，他生意亏损从外地回来后，先是想着逃避债务，所以才躲来躲去，可是心里总是不踏实，觉得躲得了初一躲不了十五，这才主动找到了朱小憨的二叔，"所以草莓款的赊账，你看能不能……你就别把我逼上绝路了吧！"

"这……"二叔没想到老罗会这么说，心善的他一时之间不知如何是好。

"二叔，他生意亏损又不是你的原因。按照《民法典》第一百一十九条的规定，依法成立的合同，对当事人具有法律约束力。所以，你还是有权要求他按约定的赊销价清偿欠

143

款。"朱小憨将二叔拉到一边，悄声说。

"道理是这样，但是我也不能把老罗逼得太紧。"二叔觉得既然老罗能主动找他，说明他不是有意拖欠，决定等老罗的生意好转一些再催款。

"法律不外乎人情。我会记住老朱兄弟的这份情谊。等我东山再起，一定最先还你的欠款。"老罗感激涕零地谢过二叔，离开了。

超强大脑

亲爱的小法迷们：请认真回忆故事中的细节，然后在不回看的情况下，试着回答下列问题。

1. 朱小憨的二叔和老罗签合同了吗？
2. 朱小憨的二叔是怎么找到老罗的？
3. 朱小憨的二叔见到老罗后，为什么又不催款了呢？

"小法官"训练营

1. 什么样的合同才对当事人具有法律约束力？
2. 民事主体依法享有债权。债权是一种什么样的权利？

18. 赊账的销售商

小剧场

被放弃的债权

为扩大生意规模,朱小憨借了王多智一万元。

朱小憨:多智,一年后我一定归还这一万元。

一年后,朱小憨生意亏损,向王多智道歉。

朱小憨:我生意亏损了,借你的钱恐怕不能准时还你……

王多智并没有责备朱小憨。

王多智:按道理你应该还钱,但我们兄弟情深,晚点儿还或者不还都没关系。其实,我可以放弃追讨债权的权利。

朱小憨:谢谢你,钱我一定会还上的。

参考答案

超强大脑

1. 签了。

2. 老罗自己主动来见二叔的。

3. 二叔觉得既然老罗能主动找他,说明不是有意拖欠,决定等老罗生意好一些再催款。

"小法官"训练营

1. 依法成立的合同，对当事人具有法律约束力。

2. 债权是因合同、侵权行为、无因管理、不当得利以及法律的其他规定，权利人请求特定义务人为或者不为一定行为的权利。

19. "放弃"的继承权

最近很长一段时间里,民法典学习小组都没接到案子。为了提高小组的"战斗力",王多智和沈子淳组织小组成员开了几次会,结合网络案例学习了很多民法典知识。

"我感觉自己都快成小法官了。"朱小憨认真学习,积极发言,长进不小。这天放学后,他和丁小白、龚思奇一道回家,忍不住对他们说。

"要是你成了小法官,那我就是庭长了。"龚思奇学习也很认真,她调皮地反驳朱小憨。

"你们俩都很了不起。最近,我的表哥杜杜遇到一件棘手的事,你们谁能解决,谁就是'No.1'。"丁小白打断朱小憨和龚思奇的对话,说道。

"什么棘手事?"朱小憨和龚思奇异口同声地问。

"杜杜哥的妈妈在他很小的时候就去世了。他今年十六岁,成绩很好,才上高一,就要被迫辍学了。"丁小白一脸苦闷地说。

"他遇到什么难关了？"龚思奇问。

"我听你提起过杜杜哥。他爸爸不是开了一家大公司吗？他怎么可能辍学？"朱小憨接过龚思奇的话茬儿说道。

"莫非他爸爸的公司亏损了？但再怎么样，也不至于交不起学费吧？"龚思奇猜测道。

"你们只知其一，不知其二。杜杜哥的爸爸开大公司不假，公司也没有亏损。但是前不久，他爸爸患肠癌去世了。"丁小白说。

"杜杜哥可以继承他爸爸的公司，用分红交学费读书呀。难道他爸爸的公司被别人继承了？"朱小憨更疑惑了。

"杜杜哥的爸爸生前立过一份遗嘱，清清楚楚地写着将遗产留给杜杜哥。"丁小白继续说道。

"只要有遗嘱，事情就好办了。"龚思奇认为这件事并不像丁小白说得那么棘手，她轻描淡写地说道。

"问题是，公司并不是杜杜哥爸爸一个人的。当初，他和朋友老赵合资开办了这家公司，股份各占一半。"丁小白解释。

"虽然公司属于两个人，但照样不影响杜杜哥继承他爸爸的股份呀。"朱小憨学着王多智那样，托着下巴思考了一会儿，得出一个结论。

19."放弃"的继承权

"问题远远没有你们想得那么简单。"丁小白说,"因为杜杜哥放弃了继承权。"

"为什么?我们去问问杜杜哥是怎么一回事。"龚思奇和朱小憨万万没想到会是这样。为此,三个小伙伴找到杜杜哥,向他了解具体情况。

"爸爸去世后不久,老赵告诉我,我还是一个在校学生,没有经营一家公司的能力,花言巧语说会供我上大学,让我签字放弃继承爸爸公司的股权。当时,我想老赵是爸爸的多年好友和合作伙伴,没多想就签了字。没想到老赵拿到我的签字之后翻脸不认人,对我不闻不问……"杜杜哥觉得自己在关键时刻做了错误的选择,现在是有苦难言。

"遇到困难就要说出来,我们大家也好帮助你。"朱小憨说。

"字都已经签了,你们几个小鬼头想帮我也帮不了。"杜杜哥很悲观。

"那可不一定。现在我们就去搬救兵。"其实,朱小憨和龚思奇也不知道怎么帮杜杜哥。不过,他们有"智多星"王多智和民法典学习小组撑腰,所以说起话来底气十足。

三个小伙伴将问题带到了民法典学习小组的会议上,让大家都来想办法。

"我们应该帮杜杜哥打赢这场官司。有点被动的是,杜杜哥只签了放弃继承权的协议,没有要求老赵签订一份履行扶养义务的协议。"龚思奇想到一点,又觉得不可行。

"就是,这样一来,我们太被动了。"朱小憨附和道。

"难道就没有别的办法了吗?"丁小白很着急。

"不一定。"一旁没有吭声的王多智突然插话道,"我国《民法典》第十八条规定,成年人为完全民事行为能力人,可以独立实施民事法律行为。十六周岁以上的未成年人,以自己的劳动收入为主要生活来源的,视为完全民事行为能力人。杜杜哥还在读书,不是完全民事行为能力人。"王多智翻开《民法典》,说道。

"未成年人签订的合同是不是没有效力?这样一来,杜杜哥和老赵签的放弃股份继承权的合同就没用了!"一直没有说话的沈子淳猛然醒悟过来。

"对呀,我们怎么没想到这茬儿呢?"龚思奇、朱小憨和丁小白转忧为喜。

"可是杜杜哥才十六岁,他有没有继承爸爸公司股份的权利呢?"丁小白不放心地问。

"我国《民法典》第十九条规定,八周岁以上的未成年人为限制民事行为能力人,实施民事法律行为由其法定代理

19."放弃"的继承权

人代理或者经其法定代理人同意、追认；但是，可以独立实施纯获利益的民事法律行为或者与其年龄、智力相适应的民事法律行为。杜杜哥当然可以继承公司股份，获得分红继续读书。"王多智说。

"我马上把这个好消息告诉杜杜哥。"王多智话音刚落，丁小白就跑出了老远……

超强大脑

亲爱的小法迷们：请认真回忆故事中的细节，然后在不回看的情况下，试着回答下列问题。

1. 杜杜哥的爸爸占有公司多少股份？
2. 杜杜哥和老赵签订扶养协议了吗？
3. 杜杜哥是完全民事行为能力人吗？

"小法官"训练营

1. 十六周岁以上的未成年人，应当具备什么样的条件，才能视为完全民事行为能力人？
2. 八周岁以上的未成年人实施民事法律行为，必须由谁同意、追认，方可生效？

小剧场

奖金自己领

朱小憨的表弟壮壮写作文获奖了，奖金五百元。

壮壮：小憨哥哥，我获奖了，奖金五百元呢。

朱小憨：你是小孩子，奖金我帮你领吧。

壮壮：谢谢小憨哥哥。

朱小憨：不客气！

朱小憨领回奖金，却不打算交给壮壮。

朱小憨：你还小，奖金我替你存银行吧。

壮壮拒绝了朱小憨的"好意"。

壮壮：我八岁了，可以独立实施纯获利益的民事法律行为。钱还是我自己存吧！

朱小憨：这你也知道！

参考答案

超强大脑

1. 一半股份。

2. 没有。

3. 不是。他属于限制民事行为能力人。

19. "放弃"的继承权

"小法官"训练营

1.十六周岁以上的未成年人,以自己的劳动收入为主要生活来源的,视为完全民事行为能力人。

2.八周岁以上的未成年人为限制民事行为能力人,实施民事法律行为由其法定代理人代理或者经其法定代理人同意、追认,方可生效。

20.

丢失的香皂

星期天上午,朱小憨、龚思奇、沈子淳和王多智相约去郊区的樱花乡写生。樱花乡漫山遍野栽满樱花树,樱花盛开时就是花的海洋,对此四个小伙伴早有耳闻。为了能尽快到达目的地,他们去了直达樱花乡的车站站台。

这时候,站台上已经停靠了一辆班车。

"大家快上车,免得耽误了写生的时间。"朱小憨头一个钻进车厢。车上没人,但一些座位上却放着货物——很明显,那些放有货物的座位是有主人的。朱小憨识趣地找了一个空座位坐下。

龚思奇、沈子淳和王多智随后上车,他们也找了空座位坐下。

"司机去哪儿了呢?"四个小伙伴坐定之后,发现司机不在车上。他们说话间,一位叔叔打开驾驶室的车门,坐进了驾驶室。

"司机叔叔,这车还有多久出发?"小伙伴们想尽快去

20. 丢失的香皂

樱花乡写生，于是问道。

"放心，我这辆车是最早的早班车，今天早上一早就进城了，也是最早返回樱花乡的。"司机让小伙伴们安心坐下。

然而几分钟过去了，司机还是没有开车的意思。

"司机叔叔，怎么还不走啊？"龚思奇的心都快要飞到樱花乡了。

"再等等他们。"司机朝那些有货物的座位看了看，说，"这几个老乡去进货还没回来，我们再等等吧。"

陆陆续续地，进货的老乡们回到了座位，他们大包小包地往车上塞东西。

"难得进一次城，把该买的都买了。"一个老乡笑呵呵地说。

"对啊对啊。"另一个老乡附和道。

"司机叔叔，可以走了吗？"四个小伙伴见车上的座位快要坐满了，于是催促道。话音刚落，一位大娘快步上车："等等，还有我呢！"大娘坐了车上的最后一个空座位。

"这下我们可以走了吧？"四个小伙伴悬着的心总算落了地。不料，大娘一声惊叫："我有一箱香皂不见了。谁拿了我的香皂？"

"你仔细看看,应该在车上。"司机一边说,一边发动了汽车,准备出发。

"师傅,先别开车。等我把香皂找到再说。这些香皂可是我刚进的货,值好多钱呢!"大娘慌乱地阻拦。

司机不得不停止启动汽车,动员大家一起帮忙找。但是很遗憾,车上压根儿就没有这箱香皂的踪迹。

"师傅,你得赔偿我!"大娘见找不到香皂,将矛头转向了司机。

"大娘,你这是怎么说话的呢?香皂又不是我拿的,凭什么叫我赔偿?"司机觉得自己很冤枉。

"我没说你拿了香皂。但是,你没有帮我看好货物啊。"大娘坚持要让司机赔偿,一步也不退让。

大娘此言一出,车上的乘客七嘴八舌地炸开了锅。

"司机没有义务替你看着货物,人家不会赔偿你的香皂。"

"货物放到车上,司机就有帮忙看着的义务。所以让司机赔偿是对的。"

"司机真倒霉!摊上这么个不明事理的大娘。"

"我觉得大娘说得有道理……"

……

20. 丢失的香皂

"这个大娘真不讲道理。"朱小憨悄声对龚思奇说。

"就是,人家司机叔叔只管开车,哪有义务帮人看着货物啊?"龚思奇深有同感。

"老大,你的意见呢?"沈子淳见王多智一声不吭,于是问道。

"这事儿,还真不好说。"王多智不置可否。看得出,他也是头一遭碰到这样的事。

"我们先不吭声,慢慢看他们怎么解决。"沈子淳示意朱小憨和龚思奇不要吭声,静观其变。

"大家别吵,听我把话说完。"大娘向车上的乘客说出了她的理由,"这几年,我一直搭乘这位师傅的车。一直以来,我都是一早进货放在车上,请师傅帮忙看着的,从没丢失过。他今天又没说不帮我看着,要是他提前拒绝,我就不会把香皂放在车上,香皂也就不会丢了……"

"你讲点儿道理好不好。我是司机,和乘客之间是运输合同关系,根本没有给乘客看守货物的义务,以前我答应帮你看着,只是顺便而已,这种顺便并不是我的责任。"司机也有他的道理。

"这下好了,大家都有道理。"四个小伙伴也不知道究竟该向着谁。

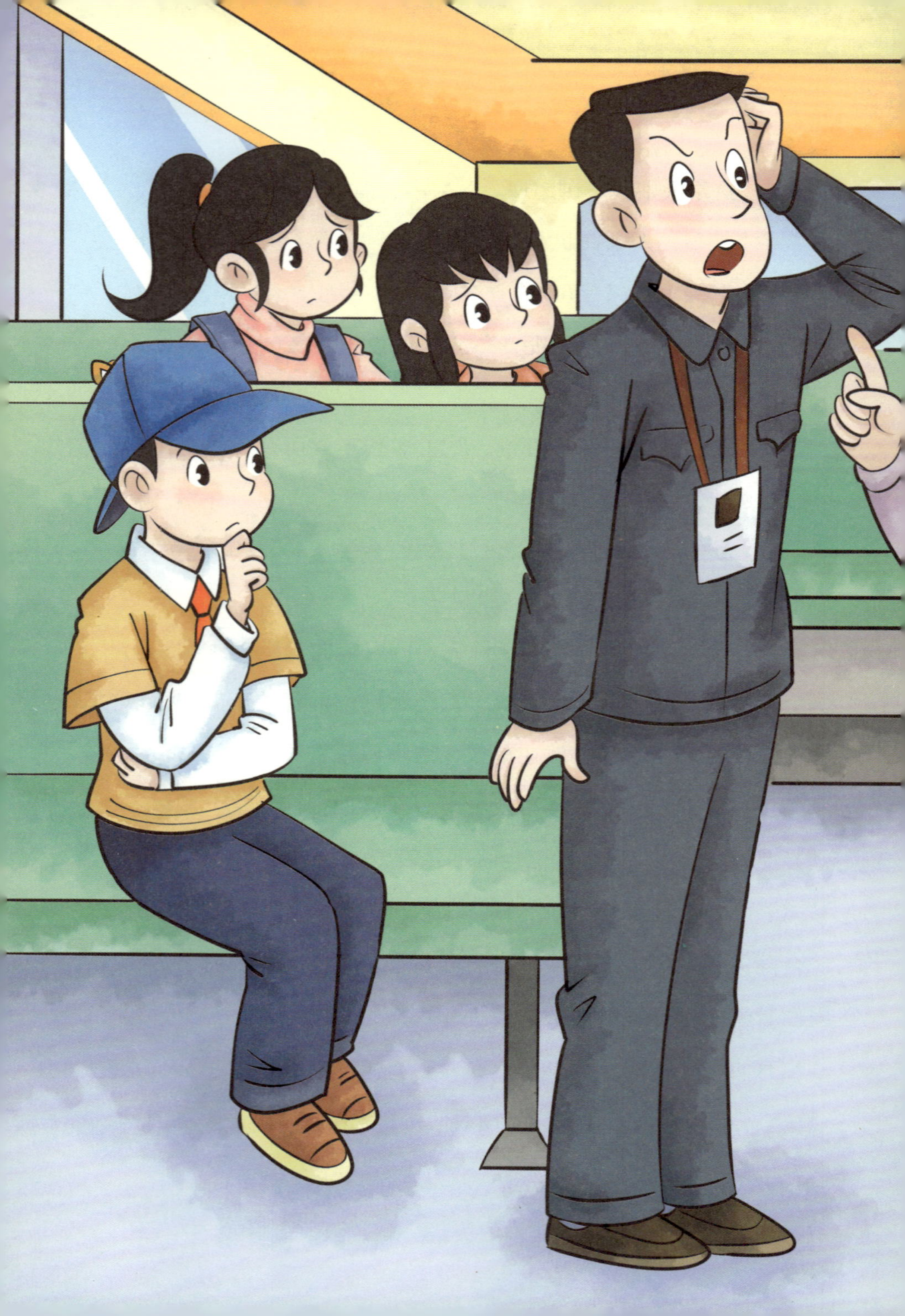

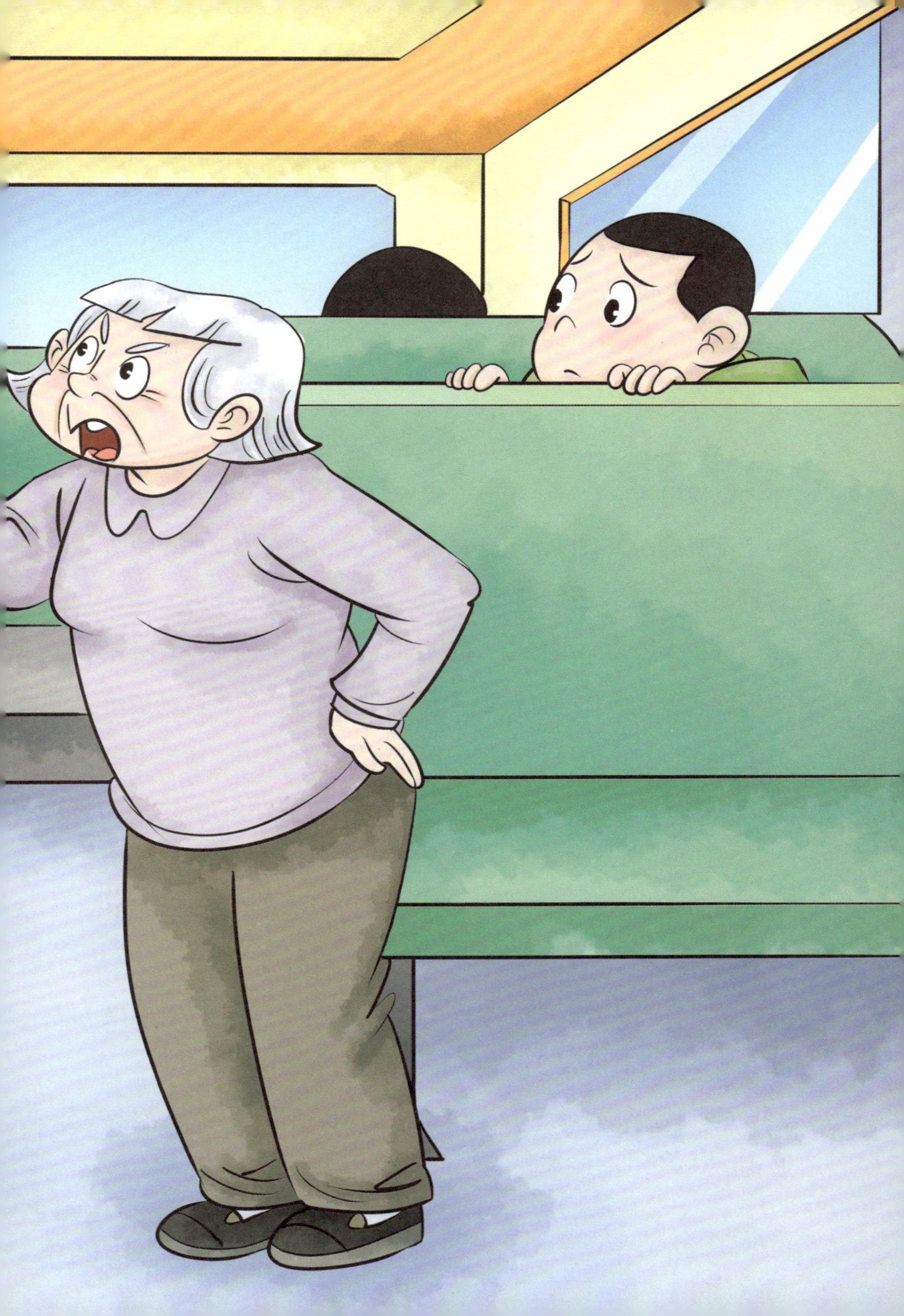

司机和大娘的争执越发不可收拾，最后不得不闹到派出所。警察叔叔了解了事情的前因后果，让司机赔偿了大娘。

"警察叔叔，这是怎么回事呢？"为了一探究竟，四个小伙伴放弃了去樱花乡的计划，也跟着去了派出所。他们缠着警察叔叔问。

"我国《民法典》第五百一十条规定，合同生效后，当事人就质量、价款或者报酬、履行地点等内容没有约定或者约定不明确的，可以协议补充；不能达成补充协议的，按照合同相关条款或者交易习惯确定。"警察叔叔告诉大家，"司机和大娘之间是运输合同关系，本来司机确实没有看守货物的义务。但是司机曾答应大娘帮忙看守货物，所以是司机的在先行为，给自己设定了看守货物的义务……司机应当赔偿。"

"如果司机叔叔不愿意给大娘看守货物，事先应该有明确的意思表示。现在出事了才来申辩，已经来不及了。"王多智明白过来。

"要是司机叔叔一开始就不给大娘看货，也就没有后来的麻烦了。有时候热心也不好呀。"朱小憨发牢骚。

"所以，热心是好事，但学习法律也很重要。"警察叔叔说。

20. 丢失的香皂

"只可惜我今天没有随身携带《民法典》。要不然,我就可以解决他们的纠纷。"王多智有点儿后悔地说。

超强大脑

亲爱的小法迷们:请认真回忆故事中的细节,然后在不回看的情况下,试着回答下列问题。

1. 最后上车的大娘丢失了什么?
2. 警察叔叔让谁赔偿大娘丢失的香皂?
3. 事情结束后,王多智后悔什么?

"小法官"训练营

1. 合同生效后,当事人就质量、价款或者报酬、履行地点等内容没有约定或者约定不明确的,是否可以协议补充?

2. 合同生效后,当事人就质量、价款或者报酬、履行地点等内容没有约定或者约定不明确的,且不能达成补充协议的,按照什么来确定?

小剧场

质量问题

朱小憨开了一家皮鞋店。

> 朱小憨：赚大钱的时候到了。
>
> 朱小憨购买次品原料，制作生产鞋子出售。
>
> 朱小憨：压低成本，利润空间才大。
>
> 龚思奇在朱小憨的店里买了一双鞋，因为质量问题要求退货。
>
> 龚思奇：这鞋还没穿多久，鞋帮就掉了。退货！
>
> 朱小憨：我又没说可以退货。不退！
>
> 龚思奇：你家的鞋不符合基本的产品质量要求，我当然有权要求你退货！
>
> 朱小憨：我还是赚点儿老实钱吧！

参考答案

超强大脑

1. 一箱香皂。

2. 司机。

3. 他后悔没有随身携带《民法典》。

"小法官"训练营

1. 可以。

2. 按照合同相关条款或者交易习惯确定。

21. 遗失的快递

龚思奇小姨的公司为了拓展业务，派她去外地的分公司工作。很长一段时间里，小姨不得不待在外地，和龚思奇见面的时间越来越少。不过，这一点儿也不影响她们之间的亲情传递。平时，小姨会给龚思奇寄来当地的特产。龚思奇遇到好吃的或者有了什么好东西，也会想到小姨，给她寄一份过去。

很多时候，龚思奇给小姨寄东西都有妈妈在场。妈妈会帮忙走流程寄东西，几乎不用龚思奇操心。

前不久，龚思奇家腌制了很多腊肉。龚思奇寻思给小姨寄一些，她的想法与妈妈不谋而合。但是妈妈最近工作很忙，没有时间陪龚思奇去快递公司寄快递。

"这事儿就交给我吧！"龚思奇二话不说，找了一个纸箱，将要寄走的腊肉打包，然后扛起纸箱就前往快递公司。

"思奇，你这是要搬家吗？"途中，龚思奇遇到了朱小憨。朱小憨见龚思奇扛着一个纸箱风风火火往前走，打趣道。

"对呀，我就是在搬家。你要不要帮忙呢？"龚思奇顺势调侃道。

"你这次又要寄什么东西给你小姨呢？"其实，朱小憨一眼就看出龚思奇这是又要去给小姨寄东西。

"你猜是什么？"龚思奇故意卖起关子来。

"不知道，但我也不想知道。思奇，你快点儿寄，寄完我们去图书馆看书。"朱小憨说着就要离开。

"老兄，你看我都快扛不动了，也不来帮帮忙。"纸箱里装了不少腊肉，龚思奇累得直喘气。

"好吧，我和你一起去快递公司。"朱小憨和龚思奇抬着纸箱往快递公司走。两个人的力量的确比一个人大，不一会儿工夫，他们就到了快递公司。

"叔叔，我们要寄快递。"龚思奇和朱小憨放下纸箱，对快递工作人员说。

快递员为龚思奇办理了寄快递的手续后，问："快递费二十五元。小朋友，你的快递需要保价吗？"

龚思奇摇摇头，不知道该不该保价。

"我以前寄东西就保价的。你这些腊肉至少也值一千元，还是保个价吧。"朱小憨劝龚思奇。

21. 遗失的快递

"以前我和妈妈寄东西的时候,不知道妈妈有没有保价。"龚思奇拿不定主意。

"寄快递保价的话,万一快递遗失,你会得到相应的赔偿。"快递员解释道。

"万一万一,这一万个里面,才一个一。哪会有那么多万一呢?"龚思奇不信自己的快递会丢,不想花冤枉钱保价,正当她想拒绝的时候,一位阿姨气冲冲地来到了快递公司。

"今天你们要是再不给我答复,我就不走了。"这位阿姨一屁股坐到了快递员的凳子上,气冲冲地说。

"阿姨,你怎么啦?"龚思奇和朱小憨不知道这位阿姨为什么这么大的火气,小声问道。

"半个月前,我在这家快递公司寄了一个名牌皮包,价值两万元,但对方迟迟没有收到快递。这几天一查,才知道寄丢了。我已经找过他们好几次,他们却不肯照价赔偿!"阿姨的声音可一点儿也不小。

"你寄皮包的时候并没有保价,所以不能照价赔偿。我们也只是工作人员,无能为力。"快递员一脸难色。

"当时我哪知道会寄丢呢?"阿姨不依不饶,坚持要让快递公司给个说法。

"我们快递合同的格式条款里说得很清楚，物品超过一万元就必须保价，你当时也没遵守这个条款。"快递公司的工作人员说。

"格式条款，什么是格式条款？"龚思奇和朱小憨还是头一次听到这个新名词。

"我国《民法典》第四百九十六条第一款规定，格式条款是当事人为了重复使用而预先拟定，并在订立合同时未与对方协商的条款……"快递员对这方面的法律很熟悉。

"但是第二款还规定，采用格式条款订立合同的，提供格式条款的一方应当遵循公平原则确定当事人之间的权利和义务，并采取合理的方式提示对方注意免除或者减轻其责任等与对方有重大利害关系的条款，按照对方的要求，对该条款予以说明。提供格式条款的一方未履行提示或者说明义务，致使对方没有注意或者理解与其有重大利害关系的条款的，对方可以主张该条款不成为合同的内容。"阿姨也是有备而来的，"你们当时没有提醒我。"

"你别翻脸不认人。我们有当时提醒你注意的监控视频证据。"快递员打算调取监控。

"好了好了，不和你啰唆。我回头再来找你们老板。"阿姨自知理亏，想要离开。

21. 遗失的快递

"你别走，问题最好一次性解决。我们只能按照当时运费的九倍赔偿，也就是三百元。"快递员拿出三百元赔付给阿姨。

阿姨拿了三百元，不甘心地离开了。

"看来还是保价比较稳妥。"龚思奇意识到了保价的重要性，于是交了保价费。

超强大脑

亲爱的小法迷们：请认真回忆故事中的细节，然后在不回看的情况下，试着回答下列问题。

1. 龚思奇要给小姨寄什么？
2. 阿姨对寄出的皮包进行保价了吗？
3. 快递公司赔付了阿姨多少钱？

"小法官"训练营

1. 格式条款是什么样的条款？
2. 提供格式条款的一方未履行提示或者说明义务，致使对方没有注意或者理解与其有重大利害关系的条款的，对方可以主张该条款不成为合同的内容吗？

小剧场

不算数的条款

为了经营好自己的快餐店,朱小憨给员工制定了一些条款,并张贴在快餐店内。

朱小憨:以后,大家就按照这些条款来。

不久,朱小憨心生一计,在条款后面悄悄加了一条"迟到一分钟,加班十分钟"的条款。

朱小憨:嘿嘿,这下有人要倒霉了。

一天,员工王多智迟到了一分钟。

朱小憨:今天,你迟到了一分钟,所以按照规定得晚走十分钟。

王多智:凭什么?

朱小憨指着店内的条款,要王多智执行。

朱小憨:店里的条款已经说明了凭什么。

王多智:你没提醒我们看,所以这新增的一条不算数。

21. 遗失的快递

参考答案

超强大脑

1. 腌制的腊肉。

2. 没有。

3. 三百元。

"小法官"训练营

1. 格式条款是当事人为了重复使用而预先拟定，并在订立合同时未与对方协商的条款。

2. 可以。

22.

老爷爷摔倒扶不扶

一个晴空万里的星期天,朱小憨、龚思奇、王多智和沈子淳背着画架去郊区写生。为了尽快到郊区,他们选择了抄近道,也就是从僻静巷去郊区。僻静巷是一条即将拆迁改造的街道,居民已经搬走,处处断壁残垣、冷冷清清,没有多少行人。

"这条路人迹罕至,也不知道会不会遇上什么?"朱小憨天马行空地想,"听说前不久这里来了一个蓬头垢面的疯子,要是遇上他可不好办呀。"

"遇上疯子,我们就撒开腿跑。但要是遇上什么妖魔鬼怪,可就麻烦了。"龚思奇想起了恐怖片里的情节。

"你们真会胡思乱想。"王多智什么也不怕,只顾着往前走。

突然,一阵呻吟声传入大家的耳畔。

"嘘,大家注意听——"四个小伙伴朝四周看了看,路边除了一些破败的旧楼外,并没有什么异样。

22. 老爷爷摔倒扶不扶

"看不见的，才是最可怕的。"沈子淳坏坏地说。

"有情况，大家快跑！"龚思奇嘴上这么说，其实吓得两腿发软，跑也跑不快。

"嘘，大家停下脚步仔细听一听。声音好像是从前面传来的。"王多智示意大家别吭声。这时，声音又出现了。

"哎哟……"大家侧耳细听，发现声音是从一栋旧楼里传出来的，听起来很痛苦。

"那里一定有人。"王多智作出了理智的判断，带着大家循着声音往前走。很快，大家看到一位老爷爷倒在旧楼门口。老爷爷的意识不太清醒，看起来状态很不好。

"老爷爷摔倒起不来了，我们去把他扶起来吧。"朱小憨心里一急，说道。

"老人摔倒之后，不知道会不会中风，不能马上就扶起来的。"沈子淳的妈妈是医生，平时耳濡目染了解了一些医学常识，她制止了朱小憨的举动。

"一个月前，我们小区有个大哥哥扶起了路边摔倒的老人，但老人的家属翻脸不认人，说就是大哥哥撞倒了老人。家属带着老人去医院做了一个全身检查，讹了大哥哥一笔钱……"龚思奇联想到一件事。

"我也听说过！上次，我家邻居小海叔叔骑自行车出门，一个大娘故意往他的车轮上撞，要不是因为路边安装了监控，小海叔叔从监控中调取了当时的录像，恐怕小海叔叔也会被讹。"经过龚思奇这么一提醒，沈子淳也想起了一件事。

"要不咱们悄悄走开？反正也没人知道我们来过这里。"朱小憨看看周围，发现并没有装监控，担心被讹，赶紧说。

"哎哟……"老爷爷又发出一阵呻吟声。

"我们还是把老爷爷扶起来送进医院吧。"沈子淳心一软，说道。

"也是，老爷爷一个人在这里太可怜了。可是……万一别人误会是我们撞倒了老爷爷，要我们赔钱怎么办？"朱小憨既担心老爷爷，又有顾虑。

"点兵点将，走还是扶？"龚思奇伸出手，打算凭运气来决定是走还是扶。

"大家看我的。"关键时刻，王多智飞速跑出僻静巷，来到大马路上。他叫住一个路过的阿姨，"阿姨，僻静巷里有一位老爷爷摔倒了。你能救救他吗？我们可以给你作证，证明不是你撞倒他的。"

"那可不成。指不定老人的家属会怎么样呢？"阿姨摆

22. 老爷爷摔倒扶不扶

摆手,头也不回地走了。

紧接着,王多智又叫住了几个路人,但大家都没有答应他的请求。一筹莫展之时,一位戴着眼镜的叔叔路过。

"叔叔,僻静巷里有人摔倒,你救救他吧。我们一定帮你作证,证明你的清白。"王多智恳求道。眼镜叔叔犹豫了一下,还是点点头,跟着王多智来到了旧楼,他看到老爷爷的状况后,立即拨打了120急救电话。

不一会儿,一辆救护车呼啸而至。医生和护士将老爷爷搬上担架,抬上了救护车。

"救人救到底,我跟你们去。"眼镜叔叔和大家一起去了医院。

"病人年纪太大,摔跤之后出现了意识不清的情况,很可能是中风的前兆。我们需要立即对他做进一步的检查和治疗。现在需要缴纳一笔医疗费……"医生告诉大家,老爷爷的情况不容乐观,需要立即检查和治疗。

"大家凑一凑身上的钱,看有多少。"王多智率先拿出二十元,那是妈妈给他的午餐费。紧接着,龚思奇、朱小憨和沈子淳也拿了几十元钱。很显然,他们的钱对于老爷爷来说犹如杯水车薪,根本不够。

"刷我的卡吧!"眼镜叔叔从衣兜里拿出一张银行卡,

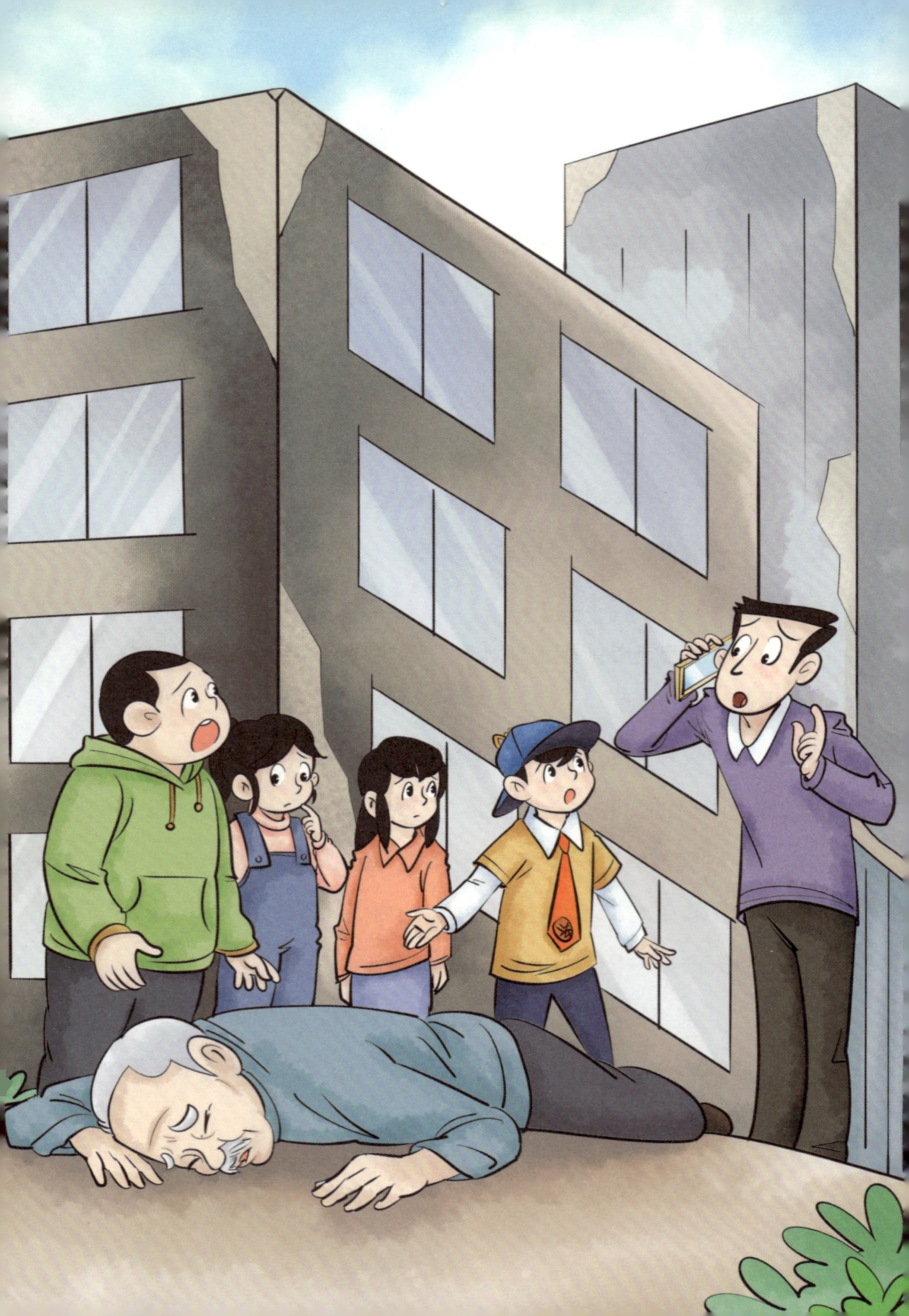

22. 老爷爷摔倒扶不扶

垫付了老爷爷的医疗费。

"谢谢你！叔叔，你是一个好人。"四个小伙伴对眼镜叔叔肃然起敬。

"我们要尽快找到老爷爷的家属，让老爷爷的家属到医院来照顾他。"眼镜叔叔希望四个小伙伴能够提供线索，找到老爷爷的家属。

"我们也是路过僻静巷的时候，发现老爷爷摔倒的。我们也不知道他是谁。"王多智说，"不过，我们可以马上就找。"

"要是老爷爷能醒过来，意识比较清楚的话，问一问就明白了。"眼镜叔叔说。正在这时，一名护士从检查室里走了出来，原来，他们给老人检查身体的时候，从老人的口袋里发现了他的手机和身份证。

大家借着手机和身份证的信息，终于联系到了老爷爷的儿子。

"我爸爸今天一早出门就没回来。我们正担心他呢，没想到……他老人家就是舍不得老房子。他应该是去看老房子才不小心摔着的。"老爷爷的儿子来到了医院，了解情况后，他对眼镜叔叔和四个小伙伴十分感激，不但把眼镜叔叔垫付的医疗费付清了，还拿出一千元钱作为对眼镜叔叔的感谢。

朱小憨好奇地问:"眼镜叔叔有权收下这一千元钱吗?"

"我国《民法典》第一百二十一条规定,没有法定的或者约定的义务,为避免他人利益受损失而进行管理的人,有权请求受益人偿还由此支出的必要费用。这种'没有法定的或者约定的义务,为避免他人利益受损失而进行'的管理,称作无因管理。"王多智解释道,"所以,眼镜叔叔有权获得酬劳。"

"不用啦,我这也是举手之劳。"没想到眼镜叔叔摆摆手,没有收钱。

"看来,世上还是好人多,老爷爷摔倒应该扶!"四个小伙伴看到事情圆满解决,长长地松了一口气。

💡 超强大脑

亲爱的小法迷们:请认真回忆故事中的细节,然后在不回看的情况下,试着回答下列问题。

1. 呻吟声是从哪里发出来的?
2. 王多智到哪儿请来了眼镜叔叔?
3. 眼镜叔叔主动垫付了老爷爷的医疗费吗?

22. 老爷爷摔倒扶不扶

"小法官"训练营

1. 没有法定的或者约定的义务，为避免他人利益受损失而进行管理的人，可以请求受益人偿还由此支出的必要费用吗？

2. 什么是无因管理？

小剧场

被烧坏的衣服

朱小憨和丁小白成了邻居。

丁小白：今后我们要互相关照。

朱小憨：对，互相关照。

一天，丁小白家着火。朱小憨急忙灭火，灭火过程中他的衣服被烧坏了。

朱小憨：可惜了，我新买的衣服。

第二天，丁小白赔给朱小憨一件新衣服。

朱小憨：怎么好意思收呢！

丁小白：谢谢你，这是你应得的。

参考答案

超强大脑

1. 僻静巷的旧楼里。

2. 大马路上。

3. 是的。

"小法官"训练营

1. 可以。

2. "没有法定的或者约定的义务,为避免他人利益受损失而进行"的管理,称作无因管理。